MARGITS BASSende Gedichte

Eine Sammlung heiterer bis

hintergründiger Reime

Margit Schmidt

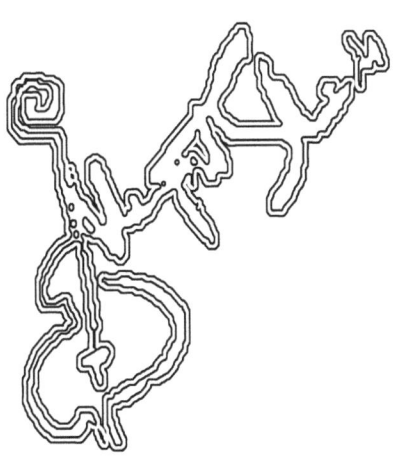

VORWORT

Meine Gedichte wollte ich nicht nach dem Entstehungsdatum oder nach Themen sortieren.
Ich biete nur am Beginn eine Themenliste an, die keinen Anspruch auf Vollständigkeit erhebt, nur einen ersten Überblick vermitteln soll.
Sie ist unverbindlich und subjektiv, denn viele Gedichte berühren mehrere Themen.
Die einzig verlässliche Ordnung ist das ABC.
Aber wer kann das schon?
Nichtsdestotrotz habe ich versucht, die Titel der Gedichte danach zu sortieren.
So wirkt es systematischer...
Und der Überraschungseffekt – was kommt als nächstes?- bleibt trotzdem erhalten.

Viel Vergnügen beim Lesen!

Und- falls jemand eine Übersetzung meiner Mundartgedichte ins Hochdeutsche braucht- bitte über www.margitsbass.at anfordern!

Herzlichst

Margit Schmidt

MARGITSBASSende GEDICHTE

Heitere bis hintergründige Reime

Themenauswahl
Anlässe, Feste, Widmungen
Gedanken
Gesundheit
Kinder
Liebe und ihre Folgen
Musik
Skurriles, Ungewöhnliches
Sport
Technik
Tiere
Typen, Gestalten
Werbung
Wien

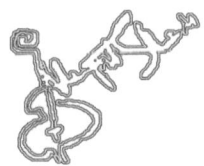

Bibliografische Information der Deutschen Nationalbibliothek: Die Deutsche Nationalbibliothek verzeichnet diese Publikation in der Deutschen Nationalbibliografie; detaillierte bibliografische Daten sind im Internet über http://dnb.dnb.de abrufbar.

1.Auflage 2019

Cover, Layout, alle Illustrationen und Texte: Margit Schmidt

Alle Rechte, insbesondere das Recht der Vervielfältigung und Verbreitung sowie der Übersetzung, vorbehalten. Kein Teil des Werkes darf in irgendeiner Form (digital, durch Fotokopie, Mikrofilm oder ein anderes Verfahren) ohne schriftliche Genehmigung der Rechteinhaber reproduziert oder unter Verwendung elektronischer Systeme gespeichert, verarbeitet, vervielfältigt oder verbreitet werden.

© 2019 Margit Schmidt

Herstellung und Verlag:
BoD – Books on Demand, Norderstedt

ISBN:9 783 735 790 936

Inhaltsverzeichnis nachTHEMEN

Anlässe, Feste, Widmungen	Seite	Entstanden
Begrüßung Just For Friends	32	1996-09-01
Bitte um das Christkind	34	2015-12-13
Danke! Danke! Danke!	38	2018-11-01
Das vielfältige Geschenk	54	1994-12-30
Der Weihnachtsdrachen	83	1999-12-01
Die Ansichtskartenschreiberei	90	2002-08
Du bist jetzt endlich xx Jahre alt!	119	2017-04-28
Geburtstagsgedicht für Martin	129	2014-05-14
Glückskauf (Seltsamer Einkauf)	135	2002-10-07
Goldene Hochzeit	136	2001-03-17
Ich wär' so gern der Weihnachtsmann	159	2012-09-10
Im Dunkel	162	2015-09-22
Liebe Genusshörer- innen, außen und überhaupt!	184	2014-06-13
Lobeshymne für Ruth	185	2011-05-30
Margit für Gerda	187	1999-05-08
MargÜts SchÜttelreim fÜr n SchÜttelverein	188	2015-02-07
Muttertagsgedicht	199	2014-04-10
Muttertagsproblem	200	2014-04-10
Oh Mutter (Brief an die Mutter)	203	2017-05-04
Oh Weihnachten, oh stilles Fest	204	2011-12-25
PALM-Sonntag	205	2018-03-25
Reimlexikon	213	2003-12-19
Sängerschicksal	214	1997-10
Schnee oder Regen	220	1995-10
Weihnachten (Stefanitag - Boxing Day)	244	2012-12-26
Wenn ihr erholt seid	247	2016-01-21
Zum Vatertag	254	2003-05-11

Gedanken

Allein - Circulus Visitationes	19	1999-11-01
ALLES GUTE	20	2001-02-18
Altes oder Neues?	22	2016-01-16
Das Leben ist ein Jammertal	51	1999-12-19
Die Altersfrage	86	1997-12
Die Hoffnung stirbt zuletzt	100	2011-03-17
Die Quadratur des Kreises	106	2012-08-15
Doktorarbeit	115	1999-07-13
DU	116	2001-03-19
Fettnäpfchen, Fettnäpfchen-	123	2011-07-16
Frauen und Wein	125	1995-12-00
Humor	153	.15.3.2012
I wünsch ma	158	2018-09-29
In Österreich	163	2008-07-01
Liebe Frau Direktor!	181	2007-07-19
Natur & Seele	202	2013-10-26
Schlafschwierigkeiten	216	1997-11-30
Schönerr Limerick	222	2017-10-01
Sprachschwierigkeiten	229	1994-12
Tempora mutantur	231	2000-06-27
Trauriges Fernsehleben	234	2003-02-19
Vollkommen Schönes zu erschaffen	235	2018-04-16
Wann i so manchmal nachdenk	236	1995-03-28
Wann i tot bin	238	2011-01-15
Warum grad i?	239	04.03.2019
Was ich heute sollt besorgen	241	2007-02-20
Wie die Alten sungen	248	2007-05-26

Gesundheit

Der Fuß der Elisabeth (Sissy-Fuß)	68	1995-05-02
Die Gripp' (für Conny 29.11.1995)	98	1995-11-29
Die Nowak	102	1995-10
Die Regnlackn	110	1998-08-20
Grippe-Bannspruch	137	1995-12-00

HEILT ein Doktor	146	25.12.2015
Heilungsengerl an Ulf und Basi	147	2017-12-28
Kopfweh	177	1997-02-07

Kinder

Ausflug	29	2002-08-26
Das Element	43	1996-11-24
Geschwindigkeitsrekord	132	2004-01-23
Getränkekunde	133	1996-09-28
Komischer Vogel	173	1997-01-00
Moderne Schule	192	1996-09-08
Wissensvermittlung	253	2015-12-17

Liebe und ihre Folgen

Das Heiratsinstitut	48	1996-11-01
Der Apfel fällt nicht weit vom Stamm	61	1996-11-01
Der elegante Korb	66	1996-11-01
Der zärtliche Ehemann	84	1995-11-30
Die ängstliche Braut	88	2001-03-17
Du hast ja mich	120	04.08..2018
Mein größtes Geschenk bist du	189	2018-12-12
Schweizer Liebespaar	223	1998-05-03

Musik

Akkordeon	17	1995-03-02
BEBOP- Raumempfehlungen	31	2014-08-28
Das Banjo 1	39	1999-08-25
Das Banjo 2	41	2014-02-25
Das Saxophon	52	1999-01-05
Die Posaune	104	2001-01-05
Es war einmal ein Klanggebild: Q	122	2014-01-11
I spülat so gern Saxophon	154	2016-01-17
Jazzklavier-wunderliches Instrument	169	2002-01-19

Klavier- Antwort	172	2011-09-27
L'Accordiana	179	1998-03-14
Posaunentöne	208	2012-06-28
Schönen Tönen frönen-	221	2014-01

Skurriles, Ungewöhnliches

A am gestraumpften Wesylziebl	13	2018-07-28
		7.4.2011 _
AU (Margit Schmidt)	23	15.5.2015
Dadagedicht	35	2011-01-10
Dadakanon mit Hendl	36	2015-10-01
Dadasprächalog	37	2011-01-09
Für Martin	127	2018-01-24
Hehehe	142	2014-10-27
H-I-L-F-E	149	2008-04-25
Hilfe beim Dichten	151	2008-05-07
Morpheus sleeps	198	2010-02-04
Pianotorte	207	2015-09-07
Welcome to the world of timelessness	246	2017-02-16

Sport

Auf dem Fußballplatz	24	2004-01-22
Auf der Pferderennbahn	25	1996-04-04
Aufforderung zum Tanz	26	1995-01-06
Der Spaziergang	80	2008-03-25
Gebrauchsanleitung für Füße	128	1995-01-06
Im Boxring	161	1995-02
Morgengymnastik	196	1995-06
Sport	228	1997-10

Technik

Das Klappsmühlenlied	50	2014-03-02
Die Säge	111	2005-01-17

Du süße Klingelfee	121	2015-11-27
Hendi	148	1995-05-07
Internet	166	2011-03-29
Lobpreis der G#ntechnik	186	1999-05-08
Missgeschick	191	2003-06-14
Re_Re_Re	210	2014-09-11
Telefon	230	1995-01

Tiere

Der Hamster	72	2001-12-05
Der hoffnungsvolle Nachwuchs	77	1998-10-10
Der Pfau	79	2004-09-01
Die Geschichte vom unzufriedenen Frosch	95	1993-02-15
Die Schneckenjagd	112	2001-02-18
Hasengeschichte (Karnickelchen)	138	2001-12-22
Jagdglück	168	2001-09-30
Schnecken	217	1999-11-07

Typen, Gestalten

„Heidenröslein"	144	2016-05-13
A Sandlerg'schicht'	14	2001-01-12
Ach, Herr Inspektor!	16	2001-12-01
Aufstehen!	27	1997-05-29
Das Edelweiß	42	2006-07-23
Das Haus halt	44	2001-04-17
Das traumhafte Problem	53	2002-12-24
Der Aberer	58	1999-10-02
Der Acker	60	1996-04-27
Der Brief	62	1999-02-23
Der Brief (Ein Mensch...)	63	1999-07-31
Der Fachmann (im Musikgeschäft)	67	1996-11-01
Der Gipfelblick	70	2001-03-18
Der Gipfelsieger	71	2018-07-27

Der letzte Gast	78	1998-07-01
Der Urlaubsgast	82	2001-07-11
Die fleißigen Straßenarbeiter	94	2002-08-17
Die Inspektion	101	1995-01
Die Räuberhöhle	109	1997-11-29
Die schönste Frau (Selbstbetrug)	113	2001-09-30
Die Zigarette	114	1997-05-24
Heidi Röslein	145	2016-05-13
Heidenröslein und Heidi Röslein	143	2016-05-13
I waas no net	156	2007-07-01
INDIAN(a)ER	164	2017-03-17
Kannibalisch	171	1995-08-29
Kommunikation	175	2006-01-09
Mondenschein	194	1999-07-27
Paradoxe David- Nachbars- Ohren	206	2010-04-12
Rechenkünstler	212	1996-00-00
Schlafende Projekte	215	2014-11-01
Selbstmordversuche	225	2001-12-30
Sparkasse	227	1998-03-01

Werbung
BEBOP - DRINKS	30	2017-06-26
Weil ich kein Regenwürmchen bin	245	2014-05-16
Wir wünschen einen schönen Sommer!	252	1998-08-09

Wien
4--Wörter-Gedicht	12	1994-12-30
Das Wetter	55	1999-04-29
Geschichte Wiens auf Wienerisch	130	1995-04-18
Weanasprach	242	1997-00-00
Wien, Wien, nur du allein!	250	2011-03-30
Wiener	251	2017-06-01

Richtig begonnen hatte die ganze Dichterei mit dem „ 4-Wörter- Gedicht", weil Conny und Andy, meine Kinder, von mir verlangten, aus 4 Stichwörtern eine Geschichte zu machen.
Bei der Moderation für das Akkordeon- Ensemble „I' Accordiana" entwickelte ich dann den Ehrgeiz, nur eigene Texte vorzutragen.
 Als singende Jazz- Bassistin schrieb und schreibe ich hochdeutsche und mundartliche Liedtexte und eigene Kompositionen.

Die Illustrationen dieses Buches sind ausnahmslos von mir. Fotografik betreibe ich seit meiner CD- „All's von mir", deren Grafik ich selbst erstellt hatte und stelle diese Bilder auch aus. <u>Infos unter</u> <u>www.margitsbass.at</u>

Mein Dank gilt vor allem Thomas Kukula, der mich geduldig begleitete, ermutigte und viele dieser Gedichte mit mir vor allem beim „1. Wienerischen Jazz- Kabarett THOMARGOSCHI" vortrug.

4--Wörter-Gedicht

(meine Kinder wählten:
Bäume/Rathaus/
Stephansturmspitz/Klobesen)

Schaut man über Wien
so vom Stephansturmspitz,
stehn wia Klobesen d'Bam
neman Rathaus-potz blitz!

Vurm Parlament liegn
vom Fiakergespann
die Roßknedln am Ring-
d'Pallas Athene schauts an.

Und wanns a recht stinkn,
sie bleibt still und stumm,
hoalt sie d'Nasn net zua
und i waas a warum.

Sie denkt:"So bleib i steh,
stinkts a no so sehr-
i drah mi net um- durt stinkt no vüü mehr!"

MS 30.12.1994

A am gestraumpften Wesylziebl

A am gestraumpften Wesylziebl
prenkt der Anzintold gexaal,
vrangt die Spärer flauchgebiebl,
strallt das Pierp- Geflüg ein Kaal.
In der rostgratflahen Quertsche
Hat das Streichei Sprei gepfließt ,
eh die chorojaulgen Färtsche
jodeligen Gmartsch verbriest.
Wehe, wehe, Wartverlobten
wenkelmätge Onospasten!
Kranzt dem distal Anapfrobten
Schnärzverangte Oxyloblasten.
Olster, folster, unab holster,
ingenur Xyphrenicum,
algenbratsch entsetzte Fraster
sesamur Philcositum!
Inst- findst- rinnst-
gwinnst-
spinnst??
Quargelkulmulierung!

M.S. 28.7.2018

A Sandlerg'schicht'

Im Park- bald fallt der Abend ein-
auf einer Bank sitzt ganz allein
ein fesches Fräulein, nicht ganz jung.
Da kummt ein Sandler her mit Schwung,
setzt sich dazu- glotzt wie ein Stier,
rutscht immer näher hin zu ihr.
„Pfau, die is' fesch... bis auf die Haxln.
Geh Puppe, wüllst net mit mir schnacksln?"
Der Schnapshauch immer stärker wird.
Das Fräulein rutscht ganz indigniert
auf ihrer Flucht vor dem Gestank
ans letzte Ende dieser Bank.
„Ihre Diktion ist ganz unmöglich!
Mein Herr, sie sind mir unerträglich!"
Jetzt kriagt der Sandler do an Grant,
rülpst einmal laut, dann fuchtig mahnt:
"Heast, du bist a fader Karpfn!
Dann schleich di do aus meiner Harpfn!"
Da nimmt die Dame schnell Reißaus.

Der Sandler breitet sich ganz aus
auf seiner Bank, legt sich zur Ruh.
Da tönt es laut: „Wir sperrn gleich zu!"
Der Parkwächter macht seinen Gang.
Der Sandler zögert gar nicht lang
und reagiert auf seine Weise:
Ja, sperrns nur zua- und bitte leise!"
M.S. 12.01.2001

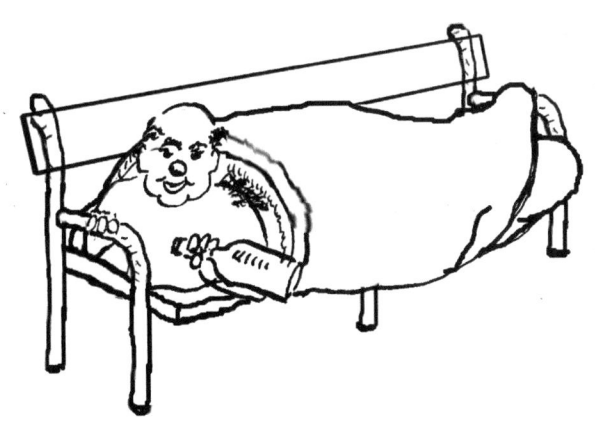

Ach, Herr Inspektor!

A großer Lastwagn fahrt bei Schnee
grad auf der Autobahn,
da überholt die Funkstraf ihn,
und halt am Rand eam an.
Der Herr Inspektor macht ganz streng,
den Fahrer aufmerksam:
"Hearn's, sie verliern da Ladegut-
schaun's durt die Fahrbahn an!"

Der Fahrer blickt verzweifelt drein:
"Ach, Herr Inspektor, gwiss-
dass i an Schotter da verlier,
bestimmt ka Unglück is!
Zum fünften Mal bleib i scho stehn
auf Ihna Winken hin.
Doch ändern s' nix-
geb'n Sie's doch auf-
weil ich der Streuwagn bin!"
      M.S. 01.12.2001

Akkordeon

Auf aner Seitn weiße Tasten,
aa schwarze mit dabei,
die andre voll mit schwarze Knöpferl,
schön in der Sechserreih',
dazwischen- ma könnt glaubn a Fächer-
der Balg geht auf und zua-
so wackelt hin und her des Werkel,
und gibt und gibt ka Ruah.

Vom Zuaschaun könnt ma glaubn recht fad is
und allweil gleich klingt des Gerät.
Man kann sich allerdings leicht täuschn,
wann man nur nach dem Anblick geht.

Bald klingt ganz süß und zart die Weise,
dann zackig-forsch im Tangoschritt;
beim Vortragsstück sind alle leise.
Ein Marsch- jetzt klatschen alle mit.
Ob Volkslied, Volkstanz, Gassenhauer,
der alten Meister schöne Melodien,
weit spannt sich der musikal'sche Bogen,
von Bach bis hin zum Evergreen.

Ja, selbst noch in der Hitparade
ihr ganz besond'rer Klang ertönt,
egal, ob man 's Harmonika, Akkordeon,
Schifferklavier oder Wanznquetschn nennt.

Wer zuhört, den umschwebt liebkosend
ein Klang, der ihm zu Herzen geht,
und melancholisch ihn zurücklässt,
wenn er nur allzubald verweht.

Doch Schluss jetzt mit der Lobeshymne!
Mit Worten kann man's nicht erklärn,
welch Hochgenuss für's Ohr das darstellt-
Akkordeons muss man spielen hörn
M.S. 02.03.1995

Allein - Circulus Visitationes

Ich bin nicht wirklich gern allein,
drum lad ich gern mir Gäste ein.
Doch sind sie endlich bei mir da,
nervt mich recht bald das Mordstrara.
Ich wünscht, es kehrt' bald Ruhe ein!
Ach, wär ich endlich doch allein!
Kaum sind gegangen alle Gäste
und weggeräumt die Festesreste-
bedrückt mich ringsum diese Stille.
Alleinsein- ist's mein wahrer Wille?

Ich bin nicht wirklich gern allein,
drum lad ich gern mir Gäste ein.....

M.S. 1.11.1999

ALLES GUTE

Wozu alles Gute wünschen?
Was bringt das schon?   Eine leere Floskel?
Gedankenlos gesagt?   Wer weiß?!
Vielleicht gedankenlos- aber nicht herzlos!
Bedenke den Unterschied zu
"Ich wünsche Dir alles Schlechte!"   oder
"----" = keine Bemerkung-
was "Du bist mir gleichgültig" bedeuten mag,
auf jeden Fall aber kein positives Entgegenkommen,
ja Interesselosigkeit.

Von positiven Verstärkern spricht man-
von Plakaten mit Ermunterungen, Lob, (NLP),
sogar von Floskeln, (manchmal sogar nur von Tönen)
die ins Unterbewußtsein dringen.
Ist DAS nicht eine der schönsten-
    ALLES GUTE   ?
Was kann man mehr wünschen?

Gebete sind "leere Floskeln"???
Immer und immer wieder "heruntergebetet"-
der vertrauensvoll kindliche Versuch,
dem Göttlichen nahe zu sein.
Warum nicht das Gebet
FÜR DICH ALLES GUTE?

Eine positive Schwingung ,
und sei sie auch nur so klein,
wenn sie auf Dich zukommt -
und sei es nur der Klang von ALLES GUTE -
ist ein positives Bit mehr als gar nichts,
eine minimale Veränderung in diesem Leben
aber doch eine Veränderung zum Positiven.

Wenn man sonst nichts vermag oder tun kann-
das bleibt immer noch:
alles Gute wünschen,
und damit eine Kleinigkeit zu Deinem Vorteil verändern-
Dir zeigen, dass Du nicht allein bist,
sondern dass da jemand ist, der Dir alles Gute wünscht,
dem Du MINDESTENS wert bist,
dass er "Alles Gute" zu Dir sagt-
meist viel mehr-
und es im Grund genommen auch meint,
auch wenn er es "nur so dahinsagt" .
 (für Conny 18.2.2001)

Altes oder Neues?

Gar vieles ist althergebracht-
Man macht es auch so –
mit Bedacht
auf Tradition und <u>alte</u> Werte.
Doch manchmal sind's nur alte Bärte,
die sich vor alles Neue stellen,
und allen so das Leb'n vergällen.

Da lob ich mir die <u>neuen</u> Sachen
Die uns das Leben leichter machen!
So tolles Zeugs gab's früher nie
Mit High-Tech, Cyber Space, Chemie.
Die ganze Welt ist bald vernetzt,
und observiert- ich bin entsetzt!
Geht's weiter so – drauf kann man wetten
Sind wir bald nur mehr Marionetten
und tanzen nach der Pfeife
 - wessen?
Hab'n Gott und Teufel uns vergessen?

© Margit Schmidt 16.1.2016

AU (Margit Schmidt)

Jetzt steh i da und schau
bled,
werd net draus schlau.
Gibts an Riesenradau?
Sitzerei in der Au?
Grünrotschwarzblau?
Trichinenbeschau?
Draht(los)verhau?
Rinnäugerlblau?
Ahnunglos-Tau?
Jazzbandfrontfrau?
Sittsam-Wauwau?
Groß-Bühnen-Sau?
Kleintierzuchtschau?
Zwei Jahr' im Bau?
Freudenkrieau?
Su – u- u –pergau.
Gau kummi - --Kau-gummi kau.
Dauergscheitschau?
Gnä Frau! ……………Gnä Frau!
Pfffffffffaaauuuuu!

Obichmichtrau?…………Gnä Frau!

AAAAAAAAUUUUUUUUU!
7.4.2011und 15.5.2015MargitS

Auf dem Fußballplatz

Zum Wachler sagt der Schieri;
„I glaub a Laberl wiar i!
I war z'spät dran mitm Essen,
drum hab i ganz vergessn,
dass i die Kartn mitnimm
für Rot und Gelb- des is schlimm!"
Der Wachler findt des net:
„Zum Hamfahrn is' jetzt spät,"
mant er glei und muaß lachn:
„Hast eh dabei die Sachn:
Hat ROT verdient ein Junge,
dann zeigst du ihm die Zunge.
Und wer nach GELB sich sehnt,
dem zeigst du deine Zähnd!"

22.1.2004 MS

Auf der Pferderennbahn

"Hearst, stell dir vua, mei liaber Freund,
was mir heut is passiert:
Weil mia am Rennplatz d'Schuach aufgehn,
hab i mi niederkniat.
Bevor i mi no recht versiach,
springt aner zua auf mi,
schmeißt ma an Sattl glei aufs Kreuz,
hupft drauf und schreit laut "Hü!"

"Du armer Mann, des war gemein,
hast da net kriagt an Zurn?"

"Na, der hat später mi erst packt-
mir san nur Zweiter wurn."

M.S. 04.04.1996

Aufforderung zum Tanz

Hast du zwei gesunde Beine,
eines links und eines rechts,
nützt dir Ausrede gar keine,
nimm wen anderen Geschlechts!
Und, sobald Musik ertönt
auf die Tanzfläche ihr geht,
mit dem Schicksal ganz versöhnt.
Ob des Walzers frohe Weisen,
Foxtrott, Walzer, Menuett,
stets könnt ihr euch glücklich preisen-
im Tanze ist das Leben nett!

6.1.1995 MS

Aufstehen!
0(c)Margit Schmidt

Zum Sohn sagt morgens d'Frau Mama:
"Mach heut net wieder a Trara!
Geh schau, dass d' aus die Federn kummst
und net lang umanandabrummst!"

"I mag net in die Schul heut gehn!
Im Bett herinn' is's ruhig und schen.
Und in der Schul hab i ka Freud,
durt san nur garstig alle Leut:

Die Buam und Madln in da Klass
sekkiern mi, machn blöde Gspass.
Die Lehrer haltn mi für dumm,
hackn ständig auf mir rum.

Nia derf i mal was Neuchs probiern!
Glei tuans ma alles ausstalliern!
Drum - i mag net, lass mi schlafn!
Die werdn's scho ohne mi aa schaffn!"

"Na", sagt da die Mutter ernst,
"i waaß net, wann du's Aufstehn lernst!
Bua, du geht ma auf 'n Wecker!
Jeden Morgen des Gemecker!

40 Jahr halt i's scho aus.
Nia kummst du aus dem Bett heraus!
Sunst bist goschert, tuast ganz cool-
Du- Direktor von der Schul'!"

M.S. 29.05.1997

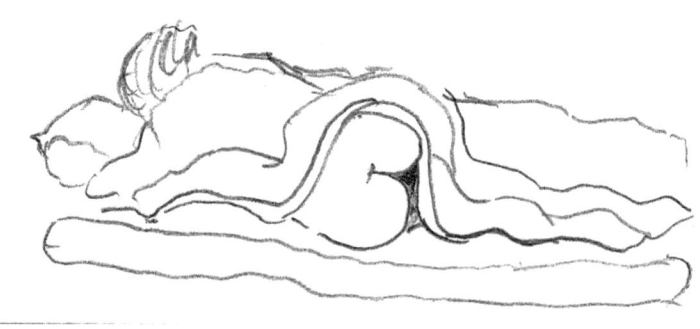

Ausflug

An einem schönen Morgen
spricht die Frau Lehrerin:
"Wir machen einen Ausflug,
wir fahrn zur Donau hin."
Gesagt, getan. Am Ufer
macht bald die Klasse Rast.
Da fragt der kleine Fritzi
in ungewohnter Hast:
"Frau Lean, wia haaßt des Viech denn-
Hat sieben Haxn nur.
Lang is's net ganz zwa Handbreit,
von rundlicher Statur.
Am Kopf hats rote Augen,
an Stachl, grauslich spitz
und giftig grüne Flügel."
"Na geh, du machst an Witz!",
so lächelt mild die Lehr'in.
"Du hast viel Fantasie!
Mein liebes, kleines Büblein,
dies Tier gab es noch nie!"
"I bin da net so sicher,"
meint da der Fritz verschmitzt,
"weil so ein >Fantasietier<
auf ihrem Rücken sitzt!"

26.8.2002 MS

BEBOP - DRINKS

Da nützt kein Zittern und kein Bangen:
Der Sommer hat schon angefangen!
Der Schweiß trieft kräftig von der Stirn,
die Hitze lähmt das ganze Hirn.
Da sehnt sich jeder weit und breit
nach stresslos kühler Räkelzeit.
Im BEBOP Garten lässt sich's lauschen,
an Wein und Jazz sich sanft berauschen!
Da wird so manches Bierchen winken;
„Komm, schlürf mich gleich,
willst kühl mich trinken!"
Auch Null Promill' wird unterstützt-
Vitamindrink der Gesundheit nützt!
Frisch gepresst, Chemie- los pur,
schenkt er Fitness durch Natur -
zusatzlos und köstlich lecker-
selbst dem hartgeprüften Tracker.

M.S. 26.6.2017

BEBOP- Raumempfehlungen
für VJS- eMOMO
(= erster MOntag im MOnat mit den Vienna Jazz Serenaders im Restaurant BEBOP)

In diesem Raum, der uns ganz nah,
sind die Musikliebhaber da,
die während unsrer Tunes zuhör'n
und uns akustisch gar nicht stör'n.
Dafür haben sie bis ganz zum Schluss
den reinsten Jazzmusikgenuss.

Gut hört man uns im Zwischenraum.
Ein bisschen Murmeln stört uns kaum.
Musik steht hier im Vordergrund,
Genuss doch auch mit Nas' und Mund-
die BEBOP- Speisen sind ein Muss
und verdoppeln den Genuss.

Der 3. Raum ist nicht so nah,
wer plaudern will, sitzt gerne da;
hört die Musik subliminAL
- gut tut sie auch in diesem Fall.

Und wer uns gar nicht lauschen will,
doch auch nicht hören will „SEI STILL!",
der setz' sich draußen an die Schank,
dort geht's eam guat, ja, Gott sei Dank!
Margit Schmidt 20140828

Begrüßung Just For Friends

"Die beste aller Bands spielt heute just for friends"

Ihr lieben Leut, die ihr euch hier
um uns versammelt habt,
euch möcht begrüßen ich voll Zier,
eh die Musik euch labt.

Wenn ich so in die Runde blick,
fühl ich mich sehr geehrt.
So mancher Gast, den ich da seh,
ist hier erwähnenswert.

Nun, ich begrüß Generaldirektor,
Doktor und Prokurist,
Bezirksamtleiter, Direktor,
Senatsrat und Jurist.

Magister, „Ing." und „Dipel-Ing",
Professor, Firmenchef
und andere honor'ge Leut,
die mancher gerne träf.

Vom einzeln Vorstelln ich jedoch
ganz abgekommen bin,
denn unser Treffen hier beim Wein
hat anderes im Sinn.

Ihr seid von Ferne und von Nah
erwartungsvoll gereist,
damit bei heurigem Wein und Most
Ihr etwas Gutes speist,

damit Akkordeonmusik
erfreue Herz und Ohr.
Drum spielen wir euch auch sogleich
die schönsten Stücke vor.

So schließ ich die Begrüßung ab-
Musik spricht stets für sich.
Ein letzter Satz an alle noch, ganz rasch,
dann schweige ich:

Wie schön, dass heut gerade DU
zu uns gekommen bist!
So ruf ich jedem einzeln zu,
weil du als FREUND hier bist.

Heuriger 9/1995

Bitte um das Christkind

Ob Weihnachtsmann, ob Santa Claus
am liebsten sperrt ich alle raus!
Das ganze Weihnachtsmanngewimmer
geht mich schon an-
i mag bald nimmer!

Sagts,
könnt ma net beim Christkind bleib'n,
eam wia von jeher Briaferl schreib'n?
Die Packerln fliagn ka Rauchfangtour,
von Ruaß und Dreck is dann ka Spur.
Das laute > ho - ho< wird ersetzt!!!
Ein Glöckchen „bim" man doch mehr
schätzt!

Am Christbaum leuchten hell die Kerzen.
Frieden wird's in allen Herzen.
Im Kripperl drin das Christkind lacht:
So hab ich's gern - die „Stille Nacht"!

Margit Schmidt, 7.12.2012
und.13.12.2015 in den PC geschrieben

Dadagedicht

Lasst uns doch die Dorkste schrbumpfeln!
In der Farkste glost ein Brrmst.
Und die Partatikeln schrakseln,
bis die Dordatur verflmst.
Wer den Übergestern sprähte
hat das Hmpfdada zerkorkst.
Wie der Schristata saufblähte-
bis Hyäsenton erschmorkst.
Estiantatonen fleischen
lüsterlos und kaum zerwurkst,
und die Didatanten greischen
deshalbst einen Schmuddelzurkst.
Wie sie grapschenvoll sich keilern!
Jeder Tinkst ist ein Geschnäh!
Und die Krallpantronen feilern
bis ein Fierp ist in der Näh.
Wutgenorgelt und vermardert
blampfen sie im Sägsexfett,
schrillsen, trüllern ohne Wände,
manierier'n ein Vrogentschett.
Ob die Sardatur bald wendert?
Ob der Graskenföhn bald schneift?
Trosken sind punktquergebändert,
und kein Mensch das je begreift.

MS 10.1.2011

Dadakanon mit Hendl

In- sta-wa tiri tulli tulli tulli
maro kinzi HO   maro kinzi HA
 maro kiro wiri schrulli
schruuuuuuuuuuuuuuu lli

eibischna zweibischna
dreibischna freibischna
Freibier!   3 FREIBIER!!

tiri tiri tiri LA tiri LU brrrrrrr
ei   ei   ei brrrrrrrrrrrrrrrrrei ei   ei
 poko toko pokotoko pok
    poko toko pokotoko pok
       toko tok tokotok tok
         tokotok tokotoko tok
            tokotok tokotoko
  tooooooooooooooooooooo ..

//: siiiiiiiiiiiiiiiiii eeeeeeeeeeh   a   ://
(bis unisono)
siiiiiiiiiiiiiii eeeeeeeeeh   a

           (Atempause)
      In- stawa ti-ri tulli tulli tulli !
Sprechkanon   M.S. 1.10.2015

36   MARGITSBASSende Gedichte All rights reserved

Dadasprächalog

E: Guten Morgen, Frau Wagenseil!
S: Schönen guten Morgen,
Herr Hansftenschirk!
Haben Sie Ihre Hmpfe schon gedodelt?
E: Was heißt gedodelt?
Gepflwrkschfzt hab ich sie!
Sie waren nämlich schon ziemlich
fleiweischrunzig

M.S. 29.12.2016

Danke! Danke! Danke!

Für den gestrigen Abend möchte ich mich bei
dir herzlichst bedanken!
Du hast einen unersetzbaren Beitrag zu
seinem Gelingen geliefert- einfach dadurch,
dass du gekommen bist und
den Abend mit mir erlebt hast,
mir deine Aufmerksamkeit,
dein Wohlwollen,
deine Energie und
damit ja auch ein Stückerl Lebenszeit
gewidmet hast.

Diese Geschenke sind
unersetzlich und
sehr kostbar!

Ich kann nur versuchen,
dir meine Wertschätzung
dafür auszudrücken und
mich dafür zubebedanken!

Danke! Danke! Danke!

Freu mich schon auf die
nächste gemeinsame Zeit!

Herzlichst Margit

Das Banjo 1

A Banjo is a Instrument,
des jeder glei am Ton erkennt.
Es klingt oft messerscharf und schrill.
Klar, dass's net jeder hörn will.
Der Bauch schaut wia a Trommel aus.
Der Spieler streckt sein' net heraus!
Er halt sich lieber 's Banjo vor-
da wirkt vü besser sei Figor.
Der Hals is lang- vom Banjo is gmant-
4 Saiten san darüber gspannt.
Es teilt so manches Menschen Los-
is rückgrat-, doch nicht wirbellos.
Der Kopf besteht fast nur aus Holz,
die äußre Schönheit ist der Stolz.
Mit links begreift der Spieler dann
so schnell das Griffbrett, wie er kann.
Schlägt grausam auf und ab von rechts
ein Plektrum zum Banjogeächz'.
Und zupft er zitternd Tremolo,
hat er nicht Angst, nein, er ist froh!
Er macht ein ganz besond'res Ding:
auf vornehm nennt man's „Single-String"

So musiziern auf ihre Weise
am Banjo auch noch Tattergreise.
Das Banjo lässt vor allen Dingen
sich nur sehr schwer in Stimmung bringen.
Und weil es sich so leicht verstimmt,
es nur ein Stoiker gern nimmt.
Doch stimmt er's gut, braucht es auch lang,
belohnt ihn reich ein guter Klang.
So tönt dann manche heit're Weis',
erhellt das Herz- ein schöner Preis!

25.8.1999 MS

Das Banjo 2

Das Banjo ist ein Instrument,
das man beim ersten Ton erkennt.
Es ist Gitarres kleine Schwester,
der Hals viel dünner,
der Korpus fester.
An Saiten hat es meist nur vier-
Viel weniger als ein Klavier.
Die Einfachheit der wen'gen Töne
führt oft beim Spieler zu Gestöhne.
Um Abwechslung in's Spiel zu bringen,
muss „high-speed-play" ihm gut gelingen.
Dann hat trotz grausig schrillem Ton
er doch Applaus von uns zum Lohn.
Ich hoff', er spielt heut keinen Mist,
der NN , unser Banjoist.

M.S. 25.2.2014

Das Edelweiß

Spätnachts klopfts bei der Moidi obn
ans Fenster "Lass mi nauf!
Mei herzigs Dianderl, han da bracht
was Schians, drum mach ma auf!"
Die Moidi macht an Spalt nur auf:
„Du woaßt du kimmst nua nein,
bringst Edlweiß a selber brockts
erst dann lass ich dich rein."
Der Bua streckt lachend ihr entgegn
an Buschn Edlweiß.
Da fliegt des Fenster auf, der Bua
springt eine, net grad leis.
„Du bist ja bsoffn! Hast no tankt
nach der gewaltign Tour ?"
„ Ah na, des han i gar net braucht,
i war am Stammtisch nur.
Beim Unterwöger ham ma zecht,
san recht lang entn ghockt.
Vom Stöckerl Edlweiß am Tisch
Han i's dir selber brockt!"

M.S. 23.7.2006

Das Element

Der Lehrer fragt:"Sagt mal, wer's kennt-
wia haaßn denn die Element'?"

Der klane Fritzi is ganz gscheit-
ma merkt, die Antwort macht eam Freid!

"Erd, Feuer, Wasser, Luft - und Bier."

"Von d' Elemente gibt's nur vier",
schüttelt der Lehrer streng den Kopf.
"Wia kummst denn nur du klaner Tropf
auf die Idee da mit dem Bier?
Den Unsinn hab i ghört no nia."

"I hab des oft scho g'hört zu Haus,
denn es ruft meine Mama aus,
wann Papa nimmt a Bier in d'Händ:
Jetzt bist halt in dein Element!"

M.S. 24.11.1996

Das Haus halt

(- was sonst?)

Zwerg Bumsti und die liebe Maus,
sie wohnen lang schon in dem Haus,
das märchenhaft uralt aussieht:
Hinein im Winter alles flieht,
was lebt hier an Insektentieren-
na klar, wer will denn lieber frieren?
Die Maus jedoch goutiert das nicht,
bei ihr fällt viel mehr ins Gewicht,
dass sie das Haus in Ordnung halte,
die Vorräte auch gut verwalte,
die sie an langen Sommertagen
mit Fleiß und Schweiß ins Haus getragen.
Sie hat sich wirklich sehr geplagt,
gekocht, gedünstet, kleingenagt
die Nüsse, Früchte, das Gemüse
aus Garten, Wald, vom Rand der Wiese.
„Welch köstlich' Duft aus der Kombüse!"
Gedanken kamen da sehr miese
dem Jobs und Balduin, diesen beiden
Zwergen: „Ja, an Hunger leiden
brauchen wir jetzt nicht mehr lang."
Sie folgten dem Gedankengang:

„Die Maus will schließlich renoviern.
Wir werden sie dazu verführn
uns gut zu füttern und zu laben-
weil wir ihr sooo geholfen haben
das Haus auf Vordermann zu bringen!"
Wir brauchen jetzt vor allen Dingen
ein Schild, auf dem BAUMEISTER steht.
Der Rest dann wohl von selber geht."
Gesagt, getan. Sie malten gleich
das Schild und stellten's auf am Teich,
der lag an Mausen's Einkaufspfaden;
dieweil Zwerg Bumsti schwang den Laden,
der ihn ein Stück erhöhen sollte,
weil Maus ein neues Fenster wollte.
Doch knacks und autsch und weh und ach!
Im Rücken spürt er einen Krach.
Er bleibt verdreht am Boden liegen
und jault. Gleich sieht die Maus man fliegen
den Stöhnenden ins Bett zu tragen.
„Ruf ich nicht doch den Krankenwagen?"
Doch nein, die Kräutermedizin
mit Hopfen bringt das wieder hin,
den Zwerg vom Schmerz rasch zu erlösen.
doch wird jetzt länger er wohl dösen.
Der Maus fällt da das Schild gleich ein.

„Am Teich stand's doch- ach ja, wie fein!
Ein Baumeister ist dazu da-
zum Fenster Einbaun. Liegt es nah,
vielleicht es billiger auch kommt,
was meiner Brieftasche sehr frommt."
Geschäftig eilt die Maus zu holen-
sie hätt es lieber nicht tun sollen-
Baumeister Jobs und den Gesellen,
die schlummerten am Rand der Wellen.
Die beiden taten eifrig gleich,
holten ihr Werkzeug her vom Teich
und fingen frisch die Arbeit an,
die Bumsti gar nicht gern getan.
Nach fünf Minuten lautem Hämmern
fing es dem Fenster an zu dämmern,
dass es das Haus verlassen sollte,
und schließlich es zu Boden rollte.
Ein Fensterloch? Hipp, hipp, hurra!
Das Ungeziefer war gleich da.
Es schwirrte, surrte, summte, brauste-
Wie da die Maus mit Besen sauste!
Sie schlug mit ihm prompt kurz und klein,
was ihr nicht passt ins Haus hinein.
Energisch hat sie rausgekehrt,
was sich nach kurzem Kampf noch wehrt.

Dieweil sie weggeschafft den Rest
bampft Jobs mit Balduin –welch ein Fest!
Sie hatten sich doch sooo geplagt!
Der Rest der Arbeit wird vertagt.
Erschöpft vom Schlemmen meinen Sie:
„Aus geht sich's diese Woche nie,
ein neues Fenster einzustelln!
Wir vor Terminen überquelln!"
Gesättigt sie zum Teiche schwanken.
Ergrimmt sieht man die Maus nun wanken
unter der Bretter schwerer Last,
die sie dann nagelt voller Hast
auf's Fensterloch, eins zwei, drei, vier,
bevor sich zeigt Insektentier.
Vor Wut sie fast noch überschnappt,
weil sie im Haus im Dunkeln tappt.
Doch Bumsti döst nur vor sich hin-
in ihm ist noch viel Hopfen drin.
Er schnarcht im Haus, sie brummt im Garten.
Auf's Fenster kann sie lang noch warten.
M.S. 17.04.2001

Das Heiratsinstitut

Das alte Fräulein Adelheid
ist des Alleinseins wirklich Leid.
Deshalb schreibt sie dem Institut,
das- laut der Werbung- "Niemals ruht,
bevor der Heiratswill'gen Ziel
erreicht ist, und kost's noch so viel."

"Mein Wunsch ist nicht extravagant.
Die Kleidung sei stets elegant,
doch soll er recht bescheiden sein,
gern in Gesellschaft, eher klein.
 Ich koch' nicht gern- das schreib ich gleich.
 Mein Haus steht neben einem Teich,
 Drum kommt es mir auf eines an-
 dass er extrem gut schwimmen kann.
Viel Geld möcht ich nicht investier'n,
drum braucht er auch nicht recht viel Hirn."
Die Antwort lässt nicht lange warten,
steht auf 'ner Billigsdorfer-Karten:

"Wir haben drüber nachgedacht,
wie preiswert es sich machen lasst,
all Ihre Wünsche zu erfüll'n;
wie's preiswert Ihre Sehnsucht still'n.
Drum geb'n wir Ihnen einen Rat,
den keine noch bekommen hat:
Fahr'n S' morgen nach Schönbrunn in Wien
und hol'n Sie sich an Pinguin!"
M.S. 01.11.1996

Das Klappsmühlenlied

Es klappert die Tastatur auf mein' PC-
klipp,klapp.
Die Augndeckln falln ma scho zua, ach herrje!
Klipp, klapp!
Wa- ann i erst amoi vor dem Bildschirm da sitz,
kumm i jedsmal nur schwer weg,
des is gar ka Witz.
Klipp klapp, klipp klapp, klipp, klapp!

Scheint draußen die Sonne, der Mond,
fällt gar Schnee.   Klipp, klapp.
I sitz und i sitz tuat ma alles auch weh.
Klipp, klapp.
Die Natur zu erleben war immer mein Traum-
Is des herrlich- am Screen siach i
Berg, Meer und Baum!
Klipp klapp, klipp klapp, klipp, klapp!

 Es klappert die Tastatur auf mein' PC- oje!
I werd' nimmer da bleibn,
juchheissa, juchhe- JUCHHE!
I kann furtgehn, ganz stresslos,
brauch gar kan PC,
weil i mir's unterwegs gleich am Tablet anseh.
Klipp klapp, klipp klapp, klipp, klapp!

   (Margit Schmidt 2.3.2014 zu
      "Es klappert die Mühle am rauschenden Bach")

Das Leben ist ein Jammertal

"Das Leben ist ein Jammertal",
des sagt der Bartl jedes Mal,
wann er vorm Holzstoß steht und waas:
"Des muasst alls hackn- so a ....
Ka Aufschiabn gibts, es muass jetzt sein!"
-Beisst in den sauren Apfel rein,
schnappts Hackl sich und fangt frisch an.
Durch die Bewegung kommt sodann
a Liad eam in den Sinn - und so
singt er bald munter, frisch und froh.
Und bald findt er sich auch an Takt,
in dem er schwungvoll Scheitln hackt.
So wird der Holzstoß- war er aa
am Anfang riesig- amoi klaa.
Beim letztn Scheitl sagt er: "Nau-
jetzt is die ganze Arbeit tau.
War net so arg, kann drahn jetzt gehn.
Mein Gott- wia is des Leben schen!"

19.12.1999 MS

Das Saxophon

Willst du alle Girls betören,
nur, weil sie dich spielen hören?
Alle knien vor dir und kreischen,
woll'n von dir `nen Blick erheischen.
Lieber hätten's noch `nen Knopf
Oder gar ein Haar vom Schopf.
Was ist schuld an dieser Gier?
Was macht alle rasend schier,
macht sie schrei'n bei jedem Ton?
Klar- das ist ein Saxophon?

Ob Alt-, Tenor-, Sopran-, auch Bass,
bei jedem macht das Zuhör'n Spass!
Jedes klingt auf seine Weise,
recht kräftig laut, nur selten leise.
Das Sopran quietscht mäuseartig
Sägt am Hörnerv, bis er schartig.
(Ich halt das nur selten aus-
Für mich ist dies „Quiiiiiiiiiiietsch" ein Graus!)
Das Alt, das Alt erobert alle mit Gewalt.
Das Tenor, das Tenor
kommt in jeder Jazzband vor.
Und ob Bariton, ob Bass-
Jedes klingt, als wärs ein... Fass.
Brünftig röhrts auf jeden Fall
>Sax sells< tönt es überall.
 M Schmidt 201807 finalisiert

Das traumhafte Problem

"Grüß Gott schön, Frau Doktor,
i hab a Problem."
"Na, schiaßns nur los,
wir wern scho fertig mit dem!"
"Jedsmal, wann i einschlaf,
dann dauerts net lang,
i fang an zum Redn,
 ma hearts bis am Gang."

"Habn Sie sonst noch Beschwerden
oder is des scho alls?
Für im Schlaf a weng redn
gibts ka Salbn jedenfalls.-
I kann ma net vorstelln,
dass des tragisch sein kann,
weil im Tram a paar Wörter
sagt doch fast jedermann!"

"Na i siech des gar net
so locker wie sie-
des ganze Büro
lacht jetzt schon über mi."

M.S. 05.01.1999

Das vielfältige Geschenk

Ich bin so ziemlich unbegabt
zu merken, was Ihr noch nicht habt,
was Ihr Euch wünscht, was Euch erfreut.
Drum mach ich's anders::

Eh' s Euch reut,
von mir ein Ding geschenkt zu kriegen,
das Ihr lasst in der Lade liegen,
mögt selbst Ihr aus dem Shop Euch holen,
was Ihr so braucht-ich bring' die Kohlen,
und freue mich dann zu erfahren,
dass es die wahren Waren waren,
die Ihr damit erstanden habt-
dies Wissen meine Seele labt.

24.12.2002 M.Schmidt

Das Wetter

Von was redn d'Leut tagaus, tagein,
es wird ihnen nie fad-
des kann nur übers Wetter sein-
So mancher wär sonst stad.

Beim Wetter ist ma nia verlegn,
obs a was Neiches gibt,
ma kann den Himmel meist a segn,
drum is bei jed'm beliebt.

Zerst ziagt ma übers Wetter her,
weil's nass- NA- z'trocken is.
Des schürt die Diskussion scho sehr,
dass 's grad so stürmisch is.

„Des Fruajahr kummt zu fruah." – „NA –z'spat!"
„Der Herbst zu schnell verrinnt."
„Der Sommer vü zu schnell vergeht."
„Der Winter heuer spinnt:

Der is zu kalt –so wars noch nie,
so tief hats noch nia gfruarn!"
„Geh na – er war doch warm als wie-
net amal gstraat is wuarn!"

Der ane findt den Winter z'warm,
der and're mecht an Schnee.
Der erste jammert: „Gott erbarm-
wer mecht scho Schi fahrn geh?"

Im Sommer wieder jammert er,
es is eam vü zu haaß.
Dem andern, der gern baden geht,
dem macht die Hitz an Spaß.

So diskutiern die Leut herum,
studiert is jeder glei.
Kaum aner bleibt beim Wetter stumm,
bei der Fachsimpelei.

Azorentief und Balkanhoch-
wer waaß schon, was des is,
wo Isobare leben noch-
is um die heut a Griss?

Is stark genug das Festlandhoch,
gewinnt das Adriatief?
Ein Dilettant, der nicht sogleich
„Hoch leb' das Hoch!" hier rief.

Ob Thermik mäßig oder stark,
wird lebhaft diskutiert,
da sind sich einig alle doch,
dass man im Kopf sie spürt.

So trennt man sich nach aner Stund
und kummt sich ganz gscheit voa,
und waaß im Innersten ja doch,
dass alls a Bledsinn woa.

Beim Hamgehn waakt des Balkanhoch
an jeden kräftig ein-
so kübelweis und kräftig nass
war selten Sonnenschein!

Dem Wetter is des ganz egal,
sagn d'Glehrten noch so vü-
wias werden wird, ob Sunn, ob Schnee-
es macht ja doch, was wü.
        29.4.1999MargitS

Der Aberer

Du kennst ihn doch, den kleinen Wicht,
der immer dir dazwischenspricht,
wenn du zufrieden bist und froh:
„Bist sicher, 's ist am besten so?"

Wenn du ein Tröpferl voll genießt,
meint „So ein Gschlader! Sicher fließt
ein besser's Tröpferl anderswo!
S' wird gut sein, du schüttst des ins Klo."

Beim Mittagessen mischt er sich
dazwischen und <u>zischt</u>: „Aber ich
hätt' das viel stärker noch gewürzt."

Siehst du ein Mädchen leicht geschürzt,
so abert er sofort herum:
„Sie hat kan Busen- ach wie dumm!"

Willst du dir was zum Anziehn hol'n
„Was Billig's nur – wir ham ka Kohl'n!"
Da hearst eam dann amal net zua.
Drauf gibt er überhaupt ka Ruah.

Jedsmal wann ma zum Börsl greift,
er mit an umanandakeift:
„Pass ja auf, du hast z'wenig Geld!
Des kummt davon, wenn man's net zählt!"

An allem setzt er etwas aus,
findt Fehler glei- es is a Graus!
Ob Arbeit, Freizeit, ob privat,
des Abern wird eam niemals fad.

Zua Ruah bringst du den Abrer nur,
wennst übernimmst sei „Froh"-Natur
und sagst: „Des Abern macht ma Spaß!"
mant er:"NA! Abern is a Kas!"
   M.S. 02.10.1999

Der Acker

"I waas net, was i machn soll",
so schreibt die Bäu'rin sorgenvoll
an ihren Mann, der sitzt im Knast,
"dass du grad jetzt im Stich mich lasst,
wo wir kan anz'gen Helfer habn-
der Acker g'hört schon umgegrabn!"

Der Bauer schreibt zruck auf der Stell:
"Tua ja net umgrabn, meiner Seel!
Des Geld, wegn dem i eingsperrt bin,
liegt akkrat in dem Acker drin!"

Bald schreibt die Bäurin ihm retour:
"Dei Briaf is kummen. Stell dir vur-
am selbn Tag noch habn 12 Mann
der Gendarm'rie des Feld umgrabn!
Was soll i tuan? Gib ma an Rat!
Was des wohl zu bedeutn hat?"

Der Bauer schreibt ganz lapidar:
"Vom Geld, des is ja gar net wahr-
Hiatzt brauchst net um an Helfer schaun,
kannst ganz bequem des Korn anbaun."

M.S. 27.04.1996

Der Apfel fällt nicht weit vom Stamm

Am Sunntag kummts Enkerl-
jetzt is's scho a Fräul'n-
in Opa besuchen.
Ma- des tuat eam g'freun!

Sie is gar net g'schreckt,
hat a Mundwerk a guats-
sogar über d' Mannerleut
herziagn, des tuats.

Der Opa beutelt in Kopf:
„Zu meiner Zeit gab's des net,
da san d'Madln no rot wurn,
hat ma mit eana g'redt."

Is Enkerl grinst schelmisch
und mant lapidar:
„I hätt ganz gern g'wusst,
wia's bei dir damals war!

Da hätt' i wohl hörn wolln-
leider is's net zum Machn,
was du denen erzählt hast
für ausg'schamte Sachn!"

M.S. 01.11.1996

Der Brief

Der Vater sitzt am Tisch beinand
ganz eifrig mit sein' Sohn-
An d'Tante tan's an Briaf do schreibn
und san fast fertig schon.
Der Bua greift grad zum Briefkuvert,
da hupft er plötzlich auf.
Er stammelt, fuchtelt mit die Arm,
reißt weit die Augen auf.
"Was hast denn, Bua, so red doch gscheit!
Brauchst net so aufgregt sei.
Sag ma ganz ruhig, was di so druckt,
wir schreibns in Briaf hinein!"
Doch schüttelt's Büabl nur den Kopf,
brat weit die Arme aus.
Noch einmal holt er ganz tief Luft,
dann bricht's aus ihm heraus:
„Grad is' ma auf da Zungen glegn,
doch wann's mi no so druckt-
i bring's jetzt nimmer aussa da-
die Markn hab i gschluckt!"

23.2.1999 MS

Der Brief (Ein Mensch...)

Ein Mensch, so völlig unbenommen,
soll schnell zu der Entscheidung kommen,
dass er den Brief ans Salzamt schreibt,
weil es ihm nicht erspart heut bleibt.
Das Amt hat dreimal schon urgiert.
Es wird jetzt Zeit, dass er sich rührt.
Er setzt sich also brav zu Tisch-
doch halt- wo ist denn nur der Wisch,
den ihm das Amt einst hat gesandt-
er mög ihn ausfülln kurzerhand?
Er stöbert auf dem Schreibtisch rum-
und findet ihn nicht- es ist zu dumm.
Soll er ihn in der Küche suchen?
Im Brotkorb zwischen Toast und Kuchen?
Doch halt- der Einfall macht ihn froh-
gelesen hat er ihn am Klo.
Dort liegt er auch tatsächlich noch.
Wie peinlich- denn er hat ein Loch.
Mit Tixo kann man das wohl kleben.
Steht eh nichts Wichtiges daneben.
Wo ist das Tixo bloß? Das Fach
ist völlig angefüllt, doch ach-
kein Tixo weit und breit zu sehn-
na gut - muss ich 'nen kaufen gehn.
Zwei Stunden später kommt sodann
der Mensch nicht nur mit Tixo an.
Er hat gleich Essen mitgebracht,
weil ihm schon sooo der Magen kracht.

Gemütlich setzt er sich zu Tisch,
isst drei Portionen chips and fish.
Oh Gott! Ein Fettfleck! So ein Dreck!
Der geht ganz sicher nimmer weg!
Den Tisch rasch aufgeräumt! Den Bogen
jetzt unterm Glas hervorgezogen!
Na ja, er ist nur wenig nass.
Die Schrift noch lesbar- wenn auch blass.
"Er kann jetzt trocknen sowieso.
Ich muss ganz dringend jetzt aufs Klo."
Ein halbes Stündlein später dann-
erleichtert- fängt der Mensch ernst an
die ersten Fragen anzukreuzen-
dann muss er sich ganz kräftig schneuzen.
Da fällt das Glas- es ist zu dumm-
es war fast voll- am Schreibtisch um.
Um aufzuwischen das Malheur
holt er den Aufreibfetzen her.
Es dauert noch geraume Zeit,
bis alles trocken ist so weit,
dass nun der Mensch den Griffel zückt,
das Blatt noch schön zu Recht sich rückt
und weiter ausfüllt diese Zeilen.
"Soll ich den ganzen Tag hier weilen?
Das Wetter ist heut wunderschön.
Da MUSS man doch spazierengehn!
Das Wetter ändert sich doch bald.
Ich mach 'ne Runde durch den Wald."
Gesagt, getan. - Es ist fast sieben,

der Brief dieweilen liegn geblieben.
Mit Frischluft angefüllt sodann,
gehts Ausfülln weiter mit Elan.
"Vor Hunger halt ichs fast nicht aus.
Ist noch was Essbares im Haus?"
Er findet Käse noch und Brot,
isst alles auf in seiner Not.
Gesättigt füllt das restlich' Blatt
er aus."Heut bin ich wirklich matt!
Das Werk - wie herrlich!- ist vollbracht.
Was hab den ganzen Tag gemacht
ich doch?", fragt sich der Mensch verstört.
"Ich find', dass sich das nicht gehört,
dass man mit Formularen quält
die Bürger- Stunden gar nicht zählt.
Ja- Tage hält man sie gar fest,
bis ausgefüllt ein blöder Test."
So räsoniert der Mensch noch lang.
Kommt ihm nicht der Gedankengang:
Hätt flott die Kreuze er gemacht,
wär schneller, als er je gedacht,
das kleine Blatt schon abgeschickt.
Er hätt den ganzen Tag erquickt
verlebt und frei von dieser Last-
genüsslich, ohne Müh und Hast.

31.7.1999 MS

Der elegante Korb

Herr Breitfuß Kurt gibt keine Ruh
 der attraktiven Frau.
Die ganze Party nervt er sie
 mit seiner dummen Schau.
Als dann das Fest zu Ende geht,
verabschiedet er sich.
Ganz siegessicher fragt er sie –
und glaubt, er macht an Stich:
"Ach, schöne Frau, wie kann ich denn
recht <u>bald</u> Sie wiedersehn?"
„Dann rufen S' an, die Nummer wird
im Telefonbuch sicher stehn!"
"Doch brauch ich Ihren Namen noch,
oh Stern in meinem Lebn."
„ Da müssen S' gar net weiter schaun-
der steht durt gleich danebn!"

01.11.1996 MS

Der Fachmann (im Musikgeschäft)

Ein Meister aus dem Burgenland
im Musikgeschäfte stand.
Er schaute lange hin und her,
welch' Instrument zu kaufen wär.
„Sie, Fräulein", sprach er möglichst fein,
„die rote Trompete packen S' mir ein.
Darunter hängt – die nehm' i aa-
diese weiße Ziehharmonika !"
Die Verkäuf'rin schaut belustigt drein:
„Das kann doch wohl Ihr Ernst nicht sein?
Wir verkaufen nicht", -sagt sie mit Schwung-
Feuerlöscher und Zentralheizung!"
(Alternativer Schluss:
Zu verkaufen habn wir gar nicht vor
Feuerlöscher und Ölradiator!")
01.11.1996MS

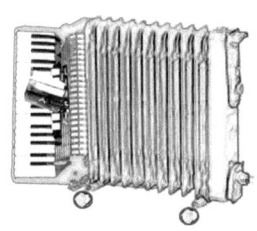

Der Fuß der Elisabeth (Sissy-Fuß)

Ich bin von aner Hausfrau
der arme rechte Fuaß
und mecht euch heut berichten,
was i erleben muaß.
Zum Bett hin: „Kinder, aufstehn!"
„Mir wolln net, d'Schul is öd!"
„Kumm, Sissy, richt ma'n Kragn!
Der Chef war gestern blöd!
Holst eh die Fernbedienung
vom Repariern um drei!
Zahlst auf der Bank die Zahlschein-
da is ja nix dabei.
Für d'Oma zum Geburtstag
was Schen's suachst nachher no.
Weil i kumm net zum Suachn,
und wia steh ma sunst do!"
A Weil geht's no so weiter,
dann ziagt er endlich o,
der Eh'mann von der Sissy-
jetzt san no d'Kinder do.
Was die no alles suachn,
und wolln tuans no vü mehr,
dabei wird d'Schul glei angehn,
mia rennen hin und her.
Na endlich sans dann draußen!
Jetzt kummt die Wohnung dran.
Was bleibt an da an Arbeit,
von d'Kinder und vom Mann!

Z'erst glei die Sachn weggramt,
was liegn lassn habn.
Dann putzn, wischn, saugn,
die Wäsch kummt a no dran.
Die Rennerei im Haushalt
kost't uns scho sehr vü Kraft!
Nur irrt, wer sich dann einbildt,
es is scho alles gschafft!
Jetzt miaß ma uns no anziagn
und einkaufn glei gehn,
damit ma dann beim Kochn
lang in da Kuchl stehn.
Mia kennen kurz nur rastn
bei Aufgab-Hilfe- Gebn,
dann haßts glei wieder weiter
und flott die Fersn hebn!
Die andern Aufträg wartn
aa auf Erledigung.
„Sei froh, so machst Bewegung
und bleibst vü länger jung!"
So maant auf d'Nacht der Eh'mann
von der Elisabeth,
eh er beim Fernsehn einschlaft,
„Hast eh ka Arbeit net!"
Was man so alles aushalt
an Ärger und Verdruss,
den so a Hausfrau mitmacht!
I waaß , der Sissy-Fuss!
2.5.1995 MS

Der Gipfelblick

Ein zackig forscher Urlaubsgast
erklimmt den Gipfel voller Hast.
Ganz atemlos muss er bald rasten
auf einer Bank beim Handymasten.

Vor seiner Hütte auf der Alm
hockt Opa Hias im Pfeifenqualm.
Den quatscht der rege Mann gleich an,
weil er nicht lange ruhig sein kann.

„Gutn Tach, Mensch, ist det herrlich hier!
So schöne Berch seh ich vor mir.
Det Panorama is grandios,
Ihr habt in Öschtreich da wat los!

Ach, lieber Älpler- kanns' mir sagn,
wie heeßt det Ding minn Wolkenkragn?
Kieck man jenau, siehste am Jipfl
janz tolle grüne Latschenwipfl."

Der Opa knurrt kurz: „Wölchener?"

„Oh besten Dank, mein lieber Herr!
Wie schön , wenn man die Berje kennt
und jeden gleich bei Namen nennt!"

18.3.2001 MS

Der Gipfelsieger

Ein Mensch, so völlig unbefangen,
ist stracks aus dem Quartier gegangen.
Er schaute weder rechts noch links,
ganz steil hinauf zum Gipfel gings.
Als er den Berg zum Schluss erklommen,
ist eine Frage hochgekommen:
Wo ist der Weg ins Tal zurück?
Ganz steil hinab- das bringt kein Glück.
Es ziehn auch dicke Wolken auf
Und türmen grauschwarz sich zu Hauf.
Ich quer nicht gerne eine Wand-
Hätt' lieber rasch 'nen Unterstand.
Doch welche Richtung schlag ich ein?
Ich sollte bald zu Hause sein.
Verzweifelt blickt der Mann herum.
Kein Anhaltspunkt, es ist zu dumm!
Und wandert kein anderer vorbei an dem Ort
Und zeigt ihm den Weg,
dann steht er noch dort.

Blöd steht er da und mault und schwitzt
Die Panik ihm im Nacken sitzt
Und wär der Jäger nicht gekommen
und hätt ihn mit ins Tal genommen,
wär er noch jetzt an diesem Ort
und blieb' wie ÖTZI ewig dort.

27.7.2018 M.S.

Der Hamster

Der Hamster ist ein putzig Tier,
vor dem es niemand graut,
schaut drollig drein, ist pflegeleicht,
ganz kuschelig, nie laut.

Er lebt in seinen Höhlengängen,
die er nicht gern verlässt
meist frei von sozialen Zwängen
allein in seinem Nest.

Trifft man ihn unterwegs im Freien,
ist er ganz Kavalier,
ist freundlich, heiter, anteilnehmend,
beisst nie ein andres Tier.

Durchstreift die Gegend unbeachtet,
beäugt so allerhand,
gefällt ihm etwas ganz besonders,
nimmt er es mit als Pfand.

Dabei wird er zum großen Kämpfer,
will dies wer andrer auch.
Da kann er kräftig um sich beißen,
das ist bei Hamstern Brauch.

Er fletscht die Zähne, rattert kräftig,
beisst sofort blitzschnell zu.

Wer ihm je in die Quere kam so,
lässt ihn hinfort in Ruh.

Die Beute trägt er triumphierend
in seinen Festungsbau,
den er stets schützt mit Zähn' und Klauen,
ja, er ist ganz schön schlau.

Hat er den Bau gut abgeschlossen,
geht er auf Beute aus.
Es ist ja schließlich Platz noch übrig
in seinem großen Haus.

Ja, da ein Samen, dort ein Korn,
er sammelt, hamstert ein,
bis nichts mehr geht, trotz großer Mühe
in seine Backen rein.

Er schleppt mit vielem Weh und Ach
die größten Lasten heim,
doch wo die Schätze er verbirgt,
das hält er stets geheim.

Er häuft und hamstert, hamstert, häuft
den ganzen lieben Tag.
Ein fleißig Tier, der liebe Hamster,
so mancher denken mag!

Den Sommer über hat der Hamster
den Vorrat aufgehäuft.
Und kommt der Winter, Kälte, Hunger-
weißt du, wie es jetzt läuft?

Der Hamster zwängt sich mit viel Mühe
ins übervolle Heim.
Der Berg von angehäuften Schätzen
erstickt "sich Rühr'n" im Keim.

Nun ist die Zeit, das herzuholen,
was man zusammentrug.
Jetzt könnte man einmal genießen,
geschleppt hat man genug.

Wo ist jetzt dieser Schatz, den er sich
im Frühjahr so erkämpft?
Wird er im Chaos ihn noch finden?
Der Eifer ist gedämpft.

Aus manchen Ecken, Ritzen, Spalten
erhebt sich Moderduft.
Ein Hauch von Fäulnis, allzu Altem
liegt drückend in der Luft.

Der Hamster nagt an alten Wurzeln.
Er hat sich soo geplagt!
Die Suche nach den Kostbarkeiten
hat er zum Schluss vertagt.

Noch länger in dem Wust zu wühlen
lässt er frustriert bald sein.
Natur verlangt nach ihren Rechten
und er schläft winters ein.

Er träumt von Körnerhochgebirgen,
auf denen stolz er sitzt,
von schatzgefüllten Endlosgängen,
durch die er ruhmreich flitzt.

Dieweil er träumt von Ruhmestaten,
das Wurmgetier nicht ruht,
sich an den eingeheimsten Dingen
laut schmatzend gütlich tut.

Im Frühjahr wacht er hungrig auf
dünn, wackelig und schwach,
besieht den Vorrat voll Enttäuschung
und denkt:"Was ich jetzt mach?

Ich grab mir neue Höhlengänge,
den Mist hier geb ich auf."
Von neuem hamstert er begeistert-
das ist des Schicksals Lauf.

Ein Hamster ist und bleibt ein Hamster,
das Hamstern ist sein Ziel.
Er will nur das Gefühl stets haben:
Nur mir gehört so viel.

Er plagt sich und die andern feiern,
dieweil er eifrig schwitzt,
und später -eifersüchtig wachend-
auf seinen Schätzen sitzt.

So ist das wahre Hamsterleben
gefüllt mit Plackerei,
doch will die Früchte er genießen,
ist's schon mit ihm vorbei.

Auf seinem Grabstein steht ein Titel,
ein Lob, ein dreifach Hoch.
Was nützen Lob und Schatzbeigaben?
Allein liegt er im Loch.

Im Himmel flitzt das Hamsterengerl
geschäftig hin und her.
Es hamstert ewig- welch ein Leben!-
und nichts gefällt ihm mehr.

Margit Schmidt 05.12.2001

Der hoffnungsvolle Nachwuchs

Die Eisbärnmama liegt herum
genussvoll auf'm Eis,
da kummt ihr Eisbärnjungs daher,
fragt sie ganz naseweis:
„Du, Mama, war dei Frau Mama
a echte Eisbärin?"
"Ja,ja," sagt d'Mama,**"sicherlich,
war stets im Eismeer drin."**
„Und Papa, Opa, und zuvor
die Urgroßeltern all?
War'n die auch wirklich allesamt
als Eisbär'n or'ginal?"
**"Des waas i, liabes Kind, genau,
dass's lauter Eisbärn warn.
No kaner is, so vüü is gwiß,
am Eisberg südwärts gfahrn."**
Des Junge schüttelt drauf den Kopf
und schaut verzweifelt drein.
Es wackelt ihm der ganze Pelz,
ihm zittern Bauch und Bein:
„Der Brauch mit Eisberg und Polar,
der wird bei mir net alt!
I pfeif auf alle Tradition-
weil mir is trotzdem kalt!"

M.S. 10.10.1998

Der letzte Gast

Bei Müllers war Geburtstagsfeier,
zum Papperln gab's, was gut und teuer;
Getränke auch, für jeden Guster,
geschmückt war's Haus, sogar die Luster.
Die Tisch', die habn sich nur so bogn,
d'Mu**sik** hat schen gspült, net zum Sagn.

Doch kams, wias allweil kommen muss,
nach Zwölfe war mitm Feiern Schluss.
Die Gäst san hamgfoahrn, rundum happy-
am End war nur mehr da- der Seppi.
Die Müllers habn scho nimmer gwusst-
wia bring man auße ohne Frust?

Na endlich dann um halber vieri
mant er:"So richtig miad jetzt wiar i.
Zum Hamfoahrn werd zu miad i sei.
Kunnt i net bei euch schlofn glei?"
Da gähnt die Hausfrau, d'Kiefer krachn-
"Da muaßt dei Bett dir selber machn."

"Ja gern, des spült ma a ka Rolln-
wo soll i denn die Sachn holn?
Der Seppi eifrig um sich blickt.

Frau Müller hinterfotzig nickt:
"Hol dir dort aus der Abstellkammer
Sagl, Bretter, Nägel, Leim und Hammer!"
 M.S. 01.07.1998

Der Pfau

Ein Frosch quakt laut am Tausendblatt –

dort im grünen Teich:

„Ich bin ein Pfau, ich bin ein Pfau!"

Da ruft die Ente gleich:

„Du bist ein blöder kleiner Frosch,

der nur laut quaken kann."

„Oh nein!" ruft da der Frosch gekränkt,

„schau mich doch richtig an!"

Er bläht sich auf, wird riesengroß,

schreit dann ganz plötzlich: „Au!",

zerplatzt mit einem lauten Knall.

Da quakt die Ente: „Pfau!"

M.S. 1.9.2004

Der Spaziergang

Ich geh so gern spazieren,
Bewegung brauch ich auch.
Es freu'n sich meine Lungen
und kleiner wird mein Bauch.
Drum auf, wohlan,
gleich nach dem Frühstück
zieh ich die Schuh mir an,
verlass das Haus, geh auf die Reise.
Ja, gleich nachher geht's an…

  Doch erst muss ich telefoniern-
Termin für Arzt, Frisör.
Gibt's irgendwo auch Fitness- Stunden?
Wo krieg ich Quasteln her?
Für meine Freundin zum Geburtstag
mach' ich ein Pölsterlein,
stick' drauf „Nur ein schwach' Viertelstündchen"
-das will verziert auch sein.
  Gleich ruf ich an, und dann …

Die Klotür quietscht, der Kühlschrank scheppert,
das Tischtuch hat ein Loch.
Ich find' das alles wirklich deppert-
doch richten muss ich's doch.
Im Küchenkasten schmatzen Motten,
der Wasserhahn tropft arg.

Dagegen soll ich ab mich schotten?
Die Chance ist wirklich karg.
Das Licht im Bad, es zuckt und flackert,
versagt den Dienst mir bald.
Ich muss sofort die Glühbirn' tauschen,
eh mich noch sieht der Wald.
 Gleich nach dem Richten…

Jetzt hält mich nichts mehr- ich will raus!
Wo sind die Sportschuh'? Her damit!
Ich dreh das Licht auf, denn es dämmert.
Horch- ein feines Klopfen am Fensterbrett-
Es regnet…   -Na super! Wieder nix!
Ich pfeif auf die Bewegungsstunde,
roll mich vorm Fernsehkastl ein
-im Hirn tönt „ Morgen eine große Runde!",
und schlaf ermattet ein.

Margit Schmidt- 25.3.2008

Der Urlaubsgast

Am Bauernhof is's sommerlich,
ganz friedlich ruhig. An Sonnenstich
hat jetzt schon fast der Urlaubsgast,
der unterm Schirm im Gartn rast't.
Wia da der Bauer kummt daher,
freuts den Beamten sichtlich sehr.
Er fragt beim Bauern freundlich an,
ob er ihm net was helfn kann?

Der Bauer denkt: „Der is aus Wian-
wo kann er mir net vüü ruiniern?-
Im Keller unt' da ghörn sortiert
die Erdäpfel- was gnummen wird
für d'Urlaubsgäst- des san die klaan.
Die großen für die Schweindln san."

Ganz eifrig geht's der Amtsrat an.
Nach sechs Stund werkt er noch daran.
Der Schweiß rinnt schon in dicken Tropfen.
Verlorn is bei ihm Malz und Hopfen.
Vor eam liegn nur zwa klane Häufeln.
Er ruaft und is schier am Verzweifeln:

„I kanns scho im Büro net leiden:
STÄNDIG soll i mi ENTSCHEIDEN!"

M.S. 11.7.2001

Der Weihnachtsdrachen

Im weiten Land der Phantasie
da gab es eine Grenze nie.
Da segelte ein Weihnachtsdrachen
zum Christkind und musst furchtbar lachen,
als er den Osterhasen sah,
der sich ans Christkind schmiegt ganz nah.
Doch merkt er dann- das Christkind friert!
Das hat sofort sein Herz gerührt,
und er verwandelte sich gleich
in eine Decke wollig weich.
Warm hüllte er das Christkind ein,
das Häschen auch. Ein gold' ner Schein
umgab die drei an diesem Ort.
Das Licht, es strahlt noch weiter fort,
bis es auch dich und mich erreicht
und froh und friedlich macht und leicht.
Wir spüren es im Herzen sacht
und freuen uns: s' ist Weihenacht!

Margit Schmidt- 1.Dez 1999
Als Reaktion auf die Frage der Direktorin:
„ Warum hängen die Drachenbilder Ihrer
Schüler noch auf dem Schulgang?"

Der zärtliche Ehemann

Die Pribil und die Wisdracil
haltn vom Stillschweign gar net viel.
Jedsmal, wanns zur Bassena hatschn,
findns allweil was zum Gatschn.

"Hat der Hausmaster net kehrt?
Gelln's, der is aa gar nix wert!"
"D'Nowak von Tür Nummer vier
is scho wieder amal stier!

Beim Greißler in der Miesbachgassn
hats scho wieder anschreibn lassn!
Ihr Mann is aa a grobes Trumm-
grüaßt nia- ma halt eam grad für stumm!"

"Mein Mann", sagt da die Wisdracil,
"vüü netter is der, net so still!
Wann der bei guter Laune is,
is er ja soooo a süaßes Gfrieß!

Ganz zärtlich flüstert er mir zu:
>Du herzig's Schnuckiputzi du!< "
"Na so was", sagt die Pribil spitz,
"sie machn mir da kane Witz?

Ich hätt mir das gar nicht gedacht,
dass er noch Komplimente macht.
Nach dreißig Eh'jahrn so wie sie
da hört' ich solchenes noch nie!"

"Naja;" mant d'Wisdracil verlegn,
"soo eng derf man's aa gar net segn.
Dass wirklich guat er aufg'legt war-
des war vor zirka 15 Jahr'!"

M.S. 30.11.1995

Die Altersfrage

Des Alter is ka Alterssach,
des waaß ganz sicher i !
Die Jungen oft a Leiden plagt,
vüü öfter noch als mi.

    Und wannst so manchn Buam anschaust,
    mit 18, 19 Jahr-
    ganz kläglich hängt er nur herum,
    es is zum Gotterbarm!
Er waaß net, was er machn soll,
schaut nur ins Kastl rein,
vielleicht wird des sein Lebenszweck
die nächsten siebzg Jahr sein.

Wann i ma da mei Tant anschau
mit neunasechzig Jahr-
die hat den ganzn Tag ka Zeit,
hat stets a Massa vor:
Sie redt mit d'Leut, heart eana zua,
hilft allwei da und durt,
besucht Theater und Konzert,
fahrt a auf Urlaub furt.
Selbst sportlich is sie noch aktiv,
steht auf die Langlaufschi,
geht schwimmen oft und vüü spaziern,
verbraucht mehr Schuach als i.

Stellst as so nebn an fadn Buam,
der sich gar nie bewegt,
sei Hirn net braucht, net um sich schaut,
sich miad ins Bett gleich legt-
Da fragst du dich: Wer is jetzt alt?
Wer jung, lebendig, frisch?
Klar hast die Antwort auf die Frag
akkrat glei liegn am Tisch!

Bewegung is des halbe Lebn,
habn gsagt die Altn schon -
und wannst stets in Bewegung bleibst,
dann hast a mehr davon.
Drum halt dein Körper guat in Schuss,
dei Geist, der braucht des a,
dass du dich für was intressierst,
und net nur fad hockst da.

An JEDEM Tag in deinem Lebn
bestimmst du selbst dein Schwung!
Es kummt net auf die Jahrln an,
 ob'st alt bist oder jung!

12.1997 MS

Die ängstliche Braut

Vorbei is die Hochzeit
beim Bauern auf d Nacht.
A blutjunges Dianderl
hat er sich hambracht.
Wia er's tragt über d Schwellen
vom Hochzeitsgemach,
kummt beim Reden er glei
ganz zielstrebig zur Sach':
„Sog Schatzerl, du bist ja
so jung, unerfoarn-
Waaßt du überhaupt scho,
was die Hochzeiter toan?"
Da fangts an zum Schluchzen,
zum Jammern und Rearn:
„I glaub, i waaß scho,
nur- i mags gar net gern."
„Geh, Diandl, i mag di,
i han di gar gern,
die Hochzeitsnacht werd scho
recht schen heute wern."
„Na, na," schluchzt, „ i fiacht ma,

hans gar no nia tan."
"Willst es net do probiern?"
„Na, i glaub net, liaber Mann!
I han ja scho öfter
bei d Hendln zuagschaut,
Mal gfallts ma recht guat,
aber meistens mia graut.
I <u>bin</u> ansonst sicher
ka so fader Tropf.
Nur was i net vertrag
is des Peckn aum Kopf!"

17.3.2001 MS

Die Ansichtskartenschreiberei

"I muaß dem Franz a Kartn schreibn",
so sagt der Jokl heut,
"wann i scho da auf Urlaub bin,
i waas, dass eam des gfreut.
I hob scho Ansichtskartn gkauft,
drum is's a gar net schwer,
dass i zum Schreibn anfang glei.
I nimm de ane her."

>L..<
"Verdammt, der Kuli schreibt ma net.
Is des vielleicht a Dreck!
Den gib i net ins Ladl zruck,
den hau i sofort weg."

A Minuten später:
>Lie...<
"Da fallt ma ein: Im Fernsehn is
heit soo a klasser Füm.
Glei schau i um'd Beginnzeit nach,
s'Programm liegt eh da drübn."

Zwa Minuten später:
"Oh Jessas na, mir knurrt der Magn.
Des kummt vom vüülen Gehn,
Dass i jetzt was zum Essn brauch,
wird jeder wohl verstehn!"

Der Jokl streicht si gleich a Brot
mit Butter ganz dick drauf,
und tuat, weils gar so herrlich schmeckt,
an Gupf Marmlad no drauf.

Zehn Minuten später:
›Lieber...‹
"Verflixt! Jetzt pickn ma die Händ,
i halt des gar net aus!"
Und schon zum Badezimmer hin
saust er zur Tür hinaus.

Fünf Minuten später:
›Lieber Fra...‹
"Ma, JETZT hab i vielleicht an Durscht!
Mia pickts die Zähnd fast zsamm!
I muaß glei schaun, ob wir im Haus
a Sodawasser ham."

Eine Viertelstunde später:
›Lieber Fran...‹
"I glaub, jetzt halt mi nix mehr auf
von meiner Schreiberei!
Doch halt- die Gschäftn sperrn glei zua-
einkaufn muaß i glei!"

Eine Stunde später:
›Lieber Franz..."
" Na grad, dass i no kriegt jetzt hab,
was i für morgn brauch!
Jetzt ruaf i nur die Mizzi an,
wei des ghört sich jetzt auch!"

Eine weitere Stunde später:
"Jetzt setz i mi zum Schreibn her,
 es wird scho langsam spät!
Des Liacht drah i ma auf dazua,
dass a was weitergeht."
›Lieber Franz - Rufzeichen‹
"Was flackert denn des Liacht so bled,
da- jetzt gehts gar no aus!
Da muaß i um a Glühbirn schaun,
ob's ane ham im Haus."

Eine weitere Stunde später:
"Die Hausfrau hat a Birn mir gebn,
und trascht hats mit mia aa.
Die Plauderei woa wirklich nett,
doch- d'Koartn is no laa (leer)!"
›Lieber Franz!‹   -- Gähnt --
"Oh Jessas na, jetzt bin i miad!

I glaub, i schaff nix mehr.
Mia falln die Augn einfach zua,
I setz mi morgn gleich her-

doch halt- i hab ka Markn da,
di ghört ja pickt da drauf!
Da hat des Ganze gar kan Wert!
Wia gib i s' denn da auf?
Und jetzt san no zwa Feiertag,
wo ma ka Markn kriagt.
I waas, dass übermorgn der Franz
selba in' Urlaub fliagt.
Ah wos- jetzt gib i's wirklich auf,
des Ansichtskartnschreibn!
Der Franz, der schickt MIA a NIA was -
der soll ma gstohln bleibn!"

August 2002 MS

Die fleißigen Straßenarbeiter

Vergangnen Herbst fahr i an Tag
so aus der Stadt hinaus.
Da siech i zwa am Straßenrand,
denk:"Des schaut seltsam aus!"
Der ane grabt a tiafes Loch,
a zweits, na, no vüü mehr;
der andre schaufelts wieder zua,
des kummt glei hinterher.
"Was soll des für a Arbeit sein,
is euch die net zu schwa?"
"Wir machn des jahraus, jahrein.
Zu schwer is's net, a na! -
Sunst samma a net nur zu zweit
zur Arbeit, Gott sei Dank,
doch der, der sunst die Bam einsetzt,
is heut halt amal krank."

17.8.2002 MS

Die Geschichte vom unzufriedenen Frosch

Es lebte einst ein grüner Frosch
in einem großen Teich,
der war den andern Fröschen dort
in Form und Farbe gleich.
Er fühlte sich so gar nicht wohl
in seiner grünen Haut,
saß grantig oft am Teichesrand
und quakte falsch und laut.
Den andern Fröschen in dem Teich
war das schon gar nicht recht.
Von seinem greulichen Gequak
wurde so manchem schlecht.
Sie sangen ihm ein schönes Lied,
glaubten, er freue sich,
wenn durch die sanfte Melodie
die schlechte Laune wich.
Jedoch der Frosch war weiterhin
recht grantig und nervös.
Dass er wie alle andern war,
das machte ihn sehr bös.
Er wollte endlich anders sein,
ein ganz besondres Tier.
Drum suchte er nach Zauberei'n,
und hüpfte fort von hier.

Als er 'nen Tag gewandert war,

der Mond schien schon hervor,
kam er zu einem alten Dorf
und stand vorm Friedhofstor.
Ermattet schlummerte er ein,
doch schlief ganz kurz er nur.
Bald weckte ihn ein lauter Ton-
zwölf schlug die Kirchturmuhr.
Graf Dracula war aufgewacht –
der Frosch sprang auf ihn zu:
„Ich möchte endlich anders sein,
du großer Zaub'rer du!"
Sofort begann Graf Dracula
zu zaubern – und potz daus! –
den Frosch mit Flügeln zu verseh'n
wie eine Fledermaus.

Dann sprang er flugs in seinen Sarg
und ließ das arme Tier
als Flügelfröschefledermaus
zurück im Grabrevier.
„Was soll ich armes Ding jetzt tun?",
das Tier verzweifelt sprach.
„Beim Schwimmen stör'n die Flügel mich,
zum Flug bin ich zu schwach."
Es schleppte sich im Morgengrau'n
zum nahen Walde hin,
als ihm mit zartem Zauberklang
die gute Fee erschien.

„Als Ungeheuer möchte ich
nicht leben ganz allein!

Da möchte ich viel lieber doch
so wie die andern sein!"
„Wie du es wünscht, so soll es sein!"
Die Fee hielt gleich ihr Wort.
Sie flog sechsmal um ihn herum,
da war'n die Flügel fort.
So glücklich war der Frosch noch nie
wie jetzt am Zauberort!
Er hüpfte rasch zurück zum Teich
und blieb für immer dort.
Er war so froh, ein Frosch zu sein
mit grüner, glatter Haut.
Vergnügt schwamm er herum im Teich
und sang – nein – quakte laut.
„Wie schön ist es, ein Frosch zu sein!
Dass ihr das nie vergesst!"
Die Frösche freuten sich mit ihm
und feierten ein Fest.
Und wenn sie nicht gestorben sind,
so quaken sie noch heute,
und stören in der Vollmondnacht
die schlafbedürft'gen Leute.

*M.S. 15.02.1993 als verbindenden Text
für eine Schulaufführung mit
„Komm her du Frosch" „Dracula-Rock"
„Heut ist ein Fest bei den Fröschen
am See" geschrieben.*

Die Gripp' (für Conny 29.11.1995)

Die Gripp, des is a Teufelszeug,
des is gar net zum Sagn,
wia boshaft sie tuat alle Leut
a guate Weil lang plagn.
    Recht harmlos fangt des ganze an,
    da kitzelt dich die Nasn,
    rinnt zwa, drei Stundn später dann,
    krebsrot is's bald vom Blasn.
Des gfreut die Gripp, wenn man im Nu
da Rotz und Wassa reart,
sich schnäuzt, dass a der Nachbar glaubt,
er d'Jericho-Posaunen heart.
Du manst, des reicht der Gripp scho aus,
wie so die Leut sie plagt?
Na! Als Sadistin erster Klass,
an ihr der Ehrgeiz nagt!
Vom Schnupfn tuat der Kopf an weh,
man glaubt grad, er zerspringt,
des Halsweh und der Huastn macht,
dass stets nach Luft man ringt.

Das Grippe-Schönheitsideal
hat man jetzt auch erreicht:
Die Augn san rot, kasweiß des Gsicht,
todmüd ins Bett man schleicht.
Dort halt des Fieber an lang fest,
die Glieder schmerzen arg,
fühlt sich wia a zerprackte Fliagn,
siacht sich schon selbst im Sarg.
Der Doktor kummt und mant vergnügt:
„Sie habn a Gripp erwischt!"
Dann schreibt er würdig ein Rezept,
des der Apotheker mischt.
Die Gripp halt grinsend alles aus,
kein Pulverl sie vertreibt.
Und wanns net 14 Tag an quält,
sie nur 2 Wochn bleibt.

Die Hoffnung stirbt zuletzt

Das war der Weisheit letzter Schluss
eh sie umfing des Todes Kuss,
der ihr Gehirn zerfetzt.

Im Morgenlicht nach langer Nacht
wuchs aus dem Cranium zart ein Kraut
flexibel und doch zäh gebaut
bog sich im Winde sacht.

Eh sich der Sonnenbogen wendet
wird draus ein starker, schöner Baum
mit Blättern „Eines Lebens Traum",
der seine Kraft verschwendet.

Im Blätterrauschen Abendwind
und Bachgemurmel singen
leis' Serenaden bringen
bis schläft das müde Kind.

Aus Baumes Schatten tritt hervor
ein Wesen ernsthaft heiter
„Und es geht doch noch weiter"
Die Hoffnung öffnet Herz und Tor.
Margit Schmidt 17.3.2011 an Wolfgang Katzers:

Die Inspektion

Bei einer großen Inspektion
heißt's „**Habet acht!**" in rüdem Ton,
erst „**Still stehn!**" und dann „**Reihe lauf!**".
Dem General fällt einer auf.
Kurzsichtig meint er zum Major:
„**Der eine dort, ganz nah beim Tor-
auf hat er einen roten Helm,
scheint mir ein ganz besondrer Schelm.**"
Devot wills der Major erklärn,
bevor es auch die andern hörn:
„**Der eine, der nicht mitgerannt-
das ist ein wichtiger Hydrant!**"
Ganz wütend schreit der General:
"**Bei mir gibt's keinen Sonderfall!
Parieren müssen hier beim Heer
auch alle Akademiker!**"

M.S. 1. 1995

Die Nowak

Der Doktor schaut in' Warteraum-
was is denn heut nur los?
Jetzt ist die Sprechstund glei vorbei-
wo bleibt die Nowak bloß?

Sunst is's um halber drei schon da,
ganz pünktlich wia die Uhr.
An jedem Montag kummts sunst her-
tragt ihre Leiden vur.

So richtig fehln tuat ihr nia was-
a klaner Stich im Knia,
fünf rote Tupferln auf der Hand,
doch tuats net weh als wia.

Amal druckt sie des Hühneraug,
dann wiederum der Mag'n.
Nach Feiertäg is immer da-
um Galltabletten frag'n.

Sie redt jedsmal a halbe Stund,
erzählt vom Nachbarhund-
dass sie sich aa an halt'n tät,
wär sie nur richtig g'sund.

Und überhaupt, was rundherum
die Leut tan Tag und Nacht,
wird von der Nowak montäglich
dem Doktor z'hören bracht.

Jetzt beutelt er nur stumm den Kopf,
sperrt ganz verwundert zua,
waas net, ob er sich freuen soll
wegn dieser Montagsruah.

Am Montag drauf um halber drei
is Sprechstundenbeginn.
Der Doktor macht die Tür kaum auf-
schon is die Nowak drin.

Bevor der Arzt noch fragn kann,
was g'wesen is mit ihr,
erklärt von selber sie sofurt
den wahren Grund dafür:

"Es is ka Unfall mir passiert,
Herr Doktor, Gott sei Dank!
I hätt ganz sicher sie besucht,
nur- i war leider krank!"
M.S. 10.1995

Die Posaune

Posaunen gabs vor Jericho-
hätt ich DIE Kraft, da wär ich froh!
Könnt Hindernisse so umhaun
mit Tönen nur wie die Posaun'.
Müsst mich nicht plagen, baute drauf
ein Abbruchunternehmen auf,
das mir die Mauern so umrennt,
wia durt die „Heavy Metal Band".
Umwerfend die Posaunen waren.
Zuhörer kamen hin in Scharen.
Damals wie heute beben sie-
so lauten Sound - live! - gibt's sonst nie!
Vernichtend ist die Wirkung immer-
drum spielt man's besser net im Zimmer.
Doch spielst und regn sich auf die Leit,
an Vorteil hast bei jedem Streit:
Wannst merkst,
schlecht geht's jetzt für dich aus,
fahrst einfach nur den Zug gach aus-
ein rechter Haken, grad a so-
die Gegnerschaft geht gleich k.o.
S' is paradox und doch das Schöne:
ein Posaunist spuckt große Töne.
Wenn du ihm da zu nahe bist,
feucht nicht nur dein Auge ist.

Was er ins Mundstück piepst als Maus,
beim Trichter kommt's als Löwe raus.
Womit ma anschaulich hier siecht,
wie es sonst geht mit an Gerücht:
A Klanigkeit auf krummen Wegen
kummt dir als Donnerschlag entgegen.
Doch wer Posaunen wirklich kennt-
veränderlich wia's Instrument
(-was mir verdächtig männlich scheint!
So schnell Mann lacht, Mann wieder weint)
ist auch der Melodien Art
von hitziggrob bis schmeichelzart.
Drum rat ich Dir bei jeder Laune-
genieß den Klang einer Posaune!
5.1.2001 MS (Ossy ist schuld daran!)

Die Quadratur des Kreises
(Anita und Andy ins Hochzeitsbuch geschrieben)

Die [□]-ur des [○]-es-

Was heißt das? Macht das Sinn?

Was wirkt auf einen [○] ein,

dass im [□] er drin?

Am Anfang war der [○] allein.

Er war rundum nur rund,

bis er stieß auf ein [○] -lein fein,

das er ganz niedlich fund.

Sie rührten aneinander an-

Mm, war das angenehm!

Welch ein Gefühl, noch unbekannt!

Ja, das sollt' s immer geb' m!

Sie suchten ein ☐ sehr nett,

um näher sich zu sein,

und sahen' s durchaus nicht als G'frett,
dass es ein bisschen klein.

Und weil halt das ☐ wie stets

im rechten Winkel stand
(du glaubst es nicht? Geh hin und miss!
Im Lot ist's- allerhand!),

die ⚭ sich zusammentun,

schnittmengenintensiv-
ach, herrlich ist gemeinsam ruh'n!
Quadrat steht schon ganz schief!

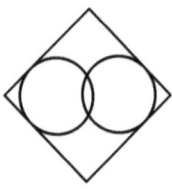

Seh' ich das Bild genauer an,
entdeck' ich darin gleich:
Eh'ring- Symbol für Ewigkeit,
das Herz – an Liebe reich.

So wünsch ich euch, dass euch gelingt-
ihr seid begabt, ich weiß es-
Zusammen leben so zu führ' n:
als Quadratur des Kreises.

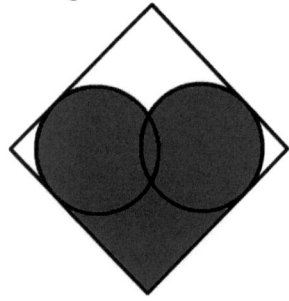

Eure Ma; Untersiebenbrunn,15. August 2012

Die Räuberhöhle

Der Charly sperrt die Haustür auf
und spürt dabei voll Schreck:
Es liegt was in der Luft da drin-
schaut rein, schaut wieder weg.
O Horror! Terror! Chaos! Kreisch!
Die Wohnung, die schaut aus!
Der Boden voller Klumpert liegt,
aus d'Ladn schaut d'Wäsch heraus!
Des Gschirr, des kugelt um am Tisch,
die Vorhäng' hängen schief,
am Teppich is a Riesenfleck,
die Luft is voller Mief.
Die Zeitung liegt am Kanapee
herum, vermischt mit Chips.
Glei will die Polizei er hol'n,
doch d'Frau- ja, die hat Grips!-
hält auf eam und erklärt eam ruhig,
dass da ka Räuber war,
des Durcheinand ganz harmlos is,
ja, logisch wär sogar:
"Was machst DU schon den ganzen Tag,
fragst du mi oft auf'd Nacht.
Drum hab i's, dass d'es endlich waast,
halt einmal heut net gmacht."

10.10. bzw 29.11.1997 MS

Die Regnlackn

„Um Gottes willn, Veronika,
Was fallt denn dir da ein!
Steh auf, des derf ma doch net tuan,
du wirst recht krank bald sein! -
Aus einer Lackn trinkt ma net",
erklärt der Vater gschwind,
„weil in dem Wasser drinnen oft
Krankheitserreger sind."
„Du, Papa, mach dir kane Sorgn,
die san jetzt alle hin,
weil i mit'm Roller vorher scho
durch d'Lackn durchgfahrn bin!"

20.8.1998 MS

Die Säge

In d' Eisenhandlung stürmt der Hias
ganz fuchtig, wutentbrannt:
„Es habts ma da an Dreck verkauft!
Die Sag in meiner Hand-
habts Ihr mir gsagt -- is wunderbar,
schneidt 30 Baam pro Tag. –
I kimm da nur auf 2 bis 3,
wann i mi aa recht plag!"
„Gebn Sie die Säge einmal her,"
meint die Verkäuferin,
„der Meister schaut sie sich gleich an,
dort in der Werkstatt drin.
Er kann sie repariern sofort,
baut selbst den Motor um vor Ort!"
Der Hias steht wie versteinert dA:
„Geh weg-- An Motor hat des aa!?!"

M.S. 17.1.2005

Die Schneckenjagd

Drei Männer gengan durch'n Wald,
die haben a Wett' ausdacht-
wer d' meisten Schnecken fangen kann,
wer des am besten macht.

Der Tennisspieler zischt glei o,
hat schnell zwa Kübeln voll-
400 Schneckn hat er drin-
ja, zamklaubn kann er toll!

Der Bauer kummt nach aner Stund'
„I hab fuffzg Schneckn do!"
Er hat zwa Antn sich dressiert,
die räumens recht schnell o.

Nach 3 Stund' kummt der Schreibtischhengst
mit laare Hand' daher-
total erschöpft und schweißverpickt,
des Redn fallt earn schwer:

„Sooft i hab a Schneckn gsegn,
hab i ma denkt - Jaa!! Guat!! -
Hab bückt mi und SCHNÖÖ hingschnappt
drauf-
Husch- war des Biest scho fuart!"

18.2.2001 Margit S

Die schönste Frau (Selbstbetrug)

Der Hias und die Zenzi, die sitzn mitnand
ganz fein vor der Hüttn, haltn sich bei der Hand.
Der Hias is recht wortkarg,
tuat kaum mal was sagn,
da muaß eam die Zenzi was Wichtiges fragen:
„Geh <u>schau</u> mia <u>amoi</u> ganz gen<u>au</u>
auf die Wadln-
sans <u>schö</u>ner und <u>fes</u>ter als <u>bei</u> andre Madln?"

„Jooooo "

Und <u>liegts</u> klar für <u>di</u> und ganz <u>fix</u> auf der Hand-
So <u>siaß</u> wia i <u>is</u> kane <u>im</u> ganzn Land?

„Joooo"

„ Ja, <u>hast</u> du des <u>end</u>gültig <u>aa</u> festgestellt?
Bin <u>ii</u> wirklich <u>die</u> schönste <u>Frau</u> auf der <u>Welt</u>?"

„Joooo "

Die Zenzi bricht <u>fast</u> schon in Tränen jetzt aus:
„Ma, <u>Hias</u> , du bist <u>wirk</u>lich
mei Schnuckiputz-Maus!
Was <u>dir</u> allweil <u>ein</u>falln für herzige Sachn!
Ma, <u>du</u> kannst so <u>schön</u>
Komplimente mir machn!"
  M.S. 30.9.2001

Die Zigarette

Klein Karli sitzt am Straßenrand
Die Zigarette in der Hand.
Da kummt a resche Frau dazua
und keift eam an: „Du schlimmer Bua!
In deinem Alter rauchst du schon?
Der Mama sag' ich gleich davon!"

Klein Karli ist gar net verlegn,
er setzt dem sofort was entgegn:
„Wenn sie mich bei der Mamsch vernadern,
dann schwellen mir die Racheadern,
und i vertratsch sie bei ihr'm Mann-
ihr' Frau spricht fremde Männer an!"

M.S. 24.5.1997

Doktorarbeit

Du brauchst aus dem ka Doktorarbeit machn!
Es wartn no vü andre Sachn
scho lang drauf, dass d'as endlich tuast.
Du waaßt doch, dass d'es machn muaßt!

Drum schwing die Haxn, fang gleich an,
wirst sehn, wia schen's is ,
hast es 'tan.

13.7.1999 MS

DU

Du bist durchaus ersetzbar-
siachs doch endlich ein!
Was bisher **dein** Job war,
wird's nimmer lang sein!

Bisher hast nur du
deine Fädn da zogn,
doch a andrer kanns aa so,
des is gar net glogn.

Es ist jeder ersetzbar-
ob im Job, ob privat.
Ein Nachfolger für dich
im Laufschritt oft naht.

Bevor du noch weg bist
sondiert er sein Terrain,
außer dir werdn sich alle
über ihn riesig freun.

Der einzige Trost,
den man scheidend mitnimmt,
dass für ihn wie für dich
dieser Spruch wieder stimmt:

Du bist durchaus ersetzbar-
siachs doch endlich ein,
was bisher dein Job war
wird's net ewig sein.

Und doch is des Ganze,
klingts noch so probat,
nur teilweise richtig-
ein ABER hier naht:

Jeder Mensch einzigartig,
NICHT klonbar doch ist.
Auf dem Platz hier und jetzt
nur du selber DU BIST.

Dein Lächeln, die Stimme,
die Wortwahl, die Art
gibt's wirklich nur einmal
DU nur spielst deinen Part.

Drum füll deinen Platz
selbstbewusst, mit Humor.
Wer nicht lachen kann,
grade der ist der Tor.

Des Leb'n stellt uns öfters
recht hart auf die Prob':
„Kannst jetzt aa no lachn?"
I sag drauf: „Und ob!"

I waaß, dass des Granteln
auf Dauer nix bringt.
Drum lach ma! Im Lachn
der Himmel mitschwingt.

M.S. 19.03.2001

Du bist jetzt endlich xx Jahre alt!

Jetzt bist du endlich xx Jahre alt!
Das steht dir wirklich gut!
Du bist so super wie noch nie,
In „Lebenskunst" bist ein Genie!
Wir freuen uns, dass es dich gibt.
Du bist jemand, der das Leben liebt –
Gerne feiern wir mit dir!
Wir gratulieren dir,
und lassen dich hoch leben,
wünschen dir in allem Glück,
rufen „HOCH! HOCH! HOCH!",
dass es weithin hallt,
singen dir mit frohem Mut:
Die beste Zeit im Leben ist immer jetzt!
Die beste Zeit zum Lieben ist immer jetzt!
28.4.2017 in den PC geschrieben

Du hast ja mich

Du brauchst ka Fliegn im Kaffee,
keinen Mops am Kanapee
Keine Dornen ohne Rose
Keine trägerlose Hose
Keinen Miefausschalter
Keiner Büstenhalter
Keine nervengift' ge Schlange
Keine Riesenzahnarztzange

Du hast ja mich.

Ich will dir alles sein
Mischt sich wer andrer ein,
hau ich ihm eine rein /
spring ich dazwischen rein
und rufe laut:"Oh nein!"
Das ist wirklich ganz allein
mein Terrain!

Du hast ja mich.

M.S. bis 4.8.2018

Du süße Klingelfee
(Mail- Antwort auf ein Telefonat mit D. S.)-

Du süße Klingelfee,
wenn ich ein Samsung seh,
da krieg ich Magenweh,
weil ich das nicht versteh-
wie ich die Daten dreh
damits da stehn im ABC.
Mittags hätt's dich schon beglückt,
hätt ich dir Kontakte gschickt
von Georg und René.
Da schau-
da stehns jetzt eh!
    Juchhe
    Juchhe
    Juchhe
Holloderollieh
Hollorudi ööööööööööö
he
he
he!
  Georg
  René
      he
      he
      he!

Liiiiiiiiiiiiiiii Grü   Margit   19.3. 2017

Es war einmal ein Klanggebild: Q

Es war einmal ein Klanggebild,
das beboppte sehr gern wie wild.
Es ließ die Offbeats richtig knacken
aus Trommeln Kleinholz hieß es hacken.

Doch wärn die Kräfte ausgegangen,
hätten sich nicht im Bild verfangen
zwei Riesen, die dem Amt entsprungen.
Von Wertausgleich ein Lied sie sungen.

Sie hobens Klangbild aufs Podest.
Den Grad des Ruhms setzt man so fest.
Dann malten sie sich in der Quint-
dass jeder sie im Börsel findt.

Auch Ursel kam so drauf am Schluss,
dass sie zwei Riesen kriegen muss,
notierte am Piano gleich
die Moments sich, jetzt ist sie reichl

Die Quintessenz der Riesen sei:
der Kunst Wert ist nicht einerlei.

20140111 MS

Fettnäpfchen, Fettnäpfchen-

Fettnäpfchen, Fettnäpfchen-
was is an euch dran,
dass i euch gar so schwer
ausweichn kann?

Kaum mach i auf den Mund
und sag aa, was i denk,
verstehts wer falsch,
is bes auf mi
und findt, dass i eam kränk.

Beim Wirtn bin i gsessn,
die Stammtisch-Bladern tagt,
vom Urlaub war die Red,
da hab i aa was gsagt:
Wia i im Urlaub essn war-
ma, des war wirklich klass:
Die Preise klan, d'Portionen groß-
des Beisl war a As!

Drauf kriagt der Wirt total an Grant
hat mi fast ausseghaut-
hat mi a falschn Fufzga gnennt und gmant
i hätt sein Ruf versaut.
I kann in sein Lokal do net
a anderes so lobn.

I hab scho glaubt-um Gottes willn-
gleich fangt er an zum Tobn.

Glaubt der denn, dass nur aner
von de Spezln abefahrt,
wann eam da Hunger packt?
Heart er an Vorwurf, wann i sag:
„Die Preise klan, d'Portionen groß."
Des muass a schlechts Gewissn sein,
des da dahinter steckt...

Was hat er?
Glaubt er,
dass i in sein Beisl wär,
wann i eam abetragn wollt,
es mir bei eam net gfallt?

16.7.2011 MS

Frauen und Wein

Zwa Brüader zerscht lang debattiern,
dem Vater dann 's Problem vorführn:
"Geh, Papa, tua an Streit uns schlichtn.
Auf was kunntst ehender verzichtn-
auf Frauen oder auf 'n Wein?
Was tat da dei Entscheidung sein?"
"Jaa", schmunzelt der erfahrne Mann,
bei beiden kummt's am Jahrgang an."

Ein Jahrgang selbst- glaubts meinen Worten-
hat auch noch ganz verschiedne Sorten:
Von spritzig-leichten tuat nach Tagen
an immer no des Kopfweh plagen.
So siaß san manche, net zum Sagn,
Die liegn an später schwer im Magn.
Bei Parfümierte, die hergricht protzen,
kummt an alsbald nur mehr 's Kotzen,
und manche von der herben Sorten,
wolln net amal die Serben horten.

An Edles kommst du kaum heran,
und findst am Anfang net viel dran.
Doch wenn du dich damit befasst,
merkst erst, was erwischt du hast.
Gehst um damit du sanft und sacht,
entfaltet sich die ganze Pracht.
Und dann -- ob Frau, ob Sorte Wein,
willst immer bei derselben bleibn.
Drum fäll dein Urteil nie zu schnell-
wähl klug und individuell!"
M.S. 12.1996

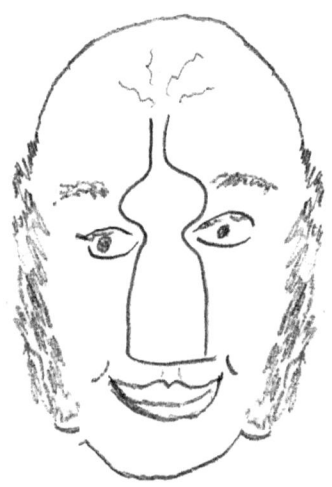

Für Martin

In den kristallklaren Nächten weben
glitzernde Licht-besessene Eissterne
ein fein ziseliertes Zaubermärchen um den Mond.
Eine Vorahnung von Dämmerung
lässt die winzigen Leuchtpunkte erzittern.
Feine Lichtblitze leuchten auf
und verschwinden wieder.
Der samtig schwarze Himmels- Hintergrund
beginnt zu grauen.

Stille
schwangere Stille –

Pause-die Pause vor dem Beginn
der Symphonie des neuen Tages.

Die Dämmrung entgraut sich,
Farbe strömt wärmend in jeden Winkel,
erfüllt alles.
Das Lächeln des neuen Tages ist geboren.
        Regenbogen.

Alles Liebe! Margit, 24.1.2018

Gebrauchsanleitung für Füße
(auch als Fortsetzung zu „Aufforderung zum Tanz" möglich)

Hast zwei verschiedne Füße du-
den rechten und den linken,
dann höre mir bedächtig zu
und folge meinen Winken!
(und wasch sie, eh sie stinken!)
Verwende von den Füßen dein
nur einen nach dem andern,
wobei es klug und gut wird sein
zu heben sie beim Wandern.
Falls du die Füße auch noch sacht
zum Tanzen willst verwenden,
so gib auf die des Partners acht,
sonst wird es böse enden!
Steigt mit dem rechten Fuß er vor,
ist's klug, dein linker weiche!
Der Hühneraugen Schmerzenschor
macht dich ansonst zur Leiche!
Trittst unvermutet bald darauf
du- Meister in dem Fache-
ihm kräftig auf die Zehen drauf-
so ist ganz süß die Rache!
  6.1.1995 MS

Geburtstagsgedicht für Martin

Naja- ganz pünktlich bin ich nicht.
Trotzdem bin ich drauf sehr erpicht,
dir nette Worte jetzt zu spenden
will dir Geburtstagwünsche senden:
Gesundheit, Heiterkeit und so-
das Malen mach dich reich UND froh!!

Und käm dir ein Ideenfunken
ob dieser Zeilen: Nein!
Schuld ist nicht der Wein!
Diesen Verdacht lass sein!
ICH hab gestern nichts getrunken!

HERZLICHE Grüße und Wünsche von
Margit (Thomas schließt sich an)

M.S. 14.5.2014

Geschichte Wiens auf Wienerisch

Bevor die Römer kummen san,
habn si die Leut scho dacht:
„Des is a Platz, wos d' wohnen kannst!"
San herzogn über Nacht.

Die Römer habn des aa bemerkt,
wia schen des Platzl is,
kaum habn sa si was herbaut da,
woar aa scho drum a Griß:

D'Germanen san zum Donaustrom
dahergrennt und habn g'schriiien:
**„Des haaßt do net Vindobona,
des is ganz afoch Wien."**

Gschrian, gstritten hams recht lang herum.
Vüü zsammbracht hams dann net.
Vindobona is zsammghaut wurdn,
ka Häusl lang mehr steht.

Die Leut warn damals wurlat ganz,
wia's heut aa oft der Fall.
Sie wollten nur Veränderung,
und gar net Feld und Stall.

Wias nur san umanandagrennt,
habn sa si kräftig gmischt.
Recht nette Leutln habn hernach
zum Siedeln Wien erwischt

Da warn recht gscheite Köpf dabei,
mit Herz und Hirn und Hand!
Sunst hätten's net den Stephansdom
so hergstellt Wand an Wand!

Die Uni, die Museen, die Burg,
vüü Kirchn und Palais,
enorm vüü is entstandn da-
sogar der Wiener Schmäh!

So tausend Jahrln halt der scho
und nutzt si gar net o,
sunst waar die ganze Wienerstadt -
und mia - heut aa net do.

Drum schau i voller Zuversicht
in d' Zukunft von mein Wean:
So lang mitn Schmäh ma alles schupft-
kanns nur no besser wern!
  18.4.1995 MS

Geschwindigkeitsrekord

Drei Buam im Hort gebn furchtbar an,
wie schnell ihr Vater doch sein kann.
Der Fritzl sitzt beim Wiener Schnitzl,
schneidt sich fast ab sein Fingerspitzl:

„ MEI Vater muaß der Schnellste sein!
Mitm Porsche fahrt er ganz schnell heim
von Graz nach Wien in aner Stund-
i waaß, dass des ka andrer kunnt!"

Der Kurt meint drauf: „ Das ist nicht schnell!
Mein Vater fliegt die Caravelle
in einem Tag rund um die Erd',
drum sei als Schnellster ER verehrt!"

Der klane Franz braucht zwa Sekunden,
dann hat er no was Bessers gfunden:
„ No gar nix is des!", schreit er froh,
„MEI Vater ist vüü schneller no!

Im Amt hat er um 4 erst aus-
wusch zack- is er um 3 scho zhaus!"

23.1.2004 MS

Getränkekunde

Der Lehrer über Länder spricht,
wie dort die Sitten sind:
„In jedem Land gibt's ein Getränk,
das kennt fast jedes Kind."
Zwei Beispiel' nennen kann ihm gleich
der g'scheite Kasimir:
„In Wien gibt es den Heurigen,
in Deutschland trinkt man Bier."

„Italien ist sehr bekannt
für den Chiantiwein,"
so sagt die Liesl weltgewandt,
„griechisch muss Samos sein.
Ein Russe schwärmt für Wodka nur,
der Engländer für ›ale‹ .
In Japan stellt man Reiswein her."
Die weiß viel, meiner Seel'!

Der klane Franzi is ganz stad,
sinniert nur hin und her,
sodass der Lehrer glauben mag:
„Dem is des Thema z'schwer!"

Doch als der Lehrer schließlich fragt
und mit an Preis no winkt,
WIESO in jedem Land der Welt
man doch was anders trinkt;
der klane Franzi blitzesschnell
ihm seine Lösung nennt:

„Damit man die Nationen gleich
an ihrer Fahne kennt!"

M.S. 28.9.1996

Glückskauf (Seltsamer Einkauf)

Haben Sie ein kleines Glück,
fertig zum Gebrauch?
Ja, zu einem guten Preis
nehme ich es auch!

Scheint's auch etwas abgeschabt
und nicht mehr ganz neu,
mag ich's doch einmal probiern,
trotz gewisser Scheu.

Eine Bitte hätt ich noch,
eh ich es ersteh':
Geb'n Sie mir, falls's doch nicht wirkt,
Herz- und Schmerz-Heil-Tee!

7.10.2002 MS

Goldene Hochzeit

Man feiert goldne Hochzeit heut
von weit und breit kommen die Leut.
Sie gratuliern dem Jubelpaar,
umringen es in großer Schar.
Es kommen alle Anverwandten,
die sonst kaum je zu ihnen fanden.
Der Bürgermeister bringt an Wisch,
den legt er stolz vors Paar am Tisch.
D'Reporterin is aa dabei,
die interviewt die goldnen Zwei.
„Sie san verheirat' fufzig Jahr-
ist es da noch, wia's früher war?"
„Ja mei, so ganz wie früher net,
mir gengan jetzt so oft-äh-
oft so ins Bett."
Da will sie's wissen ganz genau:
„Was reizt Sie noch an Ihrer Frau?"
Der Jubilar sagt drauf sofort:
„Ja, wanns mi so fragn- -JE-DES WORT!"

17.3.2001 MS

Grippe-Bannspruch
Wie ein junger Bauer die Grippe bannt

Gripp, du alts Luada,
i sag's meina Muada!
Bist du recht gehässig,
macht's Patscherl mit Essig,
dann geht's Fiaba glei weg
und du hast an Dreck!

Gripp, du schiachs Kreibl,
i frag's Kräuterweibl,
die mischt Eibisch, Kamü(ll),
i trink mit Honig recht vü(ll),
geht da Huastn glei weg
und du hast an Dreck!

Gripp, blede Kuah,
gibst du jetzt no ka Ruah,
da frag i den Dokter,
mit de Pulverln da schlagt er
den Rest von dir weg,
und von dir bleibt a Dreck.

Gripp, böser Teifi,
auf dei Sekkatur pfeif i!
In mein Bettl da bleib i
14 Tag mit mein Weibi
und wir hab'n a Heck -Meck
da bleibt dir d'Spucke weg!

Dez.1995 Margit Schmidt

Der preußische Alpenwecker

Hasengeschichte (Karnickelchen)

Es war mal ein Karnickelchen,
das trieb so allerlei,
ob's Ernst oder auch Blödsinn war,
es war stets gleich dabei.

Begeistert hoppelte es hoch
den Bildungsberg hinan.
Wie gut, wenn man als "Magi"-Has
'ne Menge wissen kann!

Gibt es Musik, so wackelt ihm
gleich Bein und Hinterteil.
Es macht gern mit- ein Ohrenschmaus-
spielt, trötet irre geil.

Karnickel schnuppert üb'rall rum,
versucht der Kräuter viel.
Es wollt ein Superhase sein,
das war sein hehres Ziel.

So kam es an den Bauernhof
mit Tieren allerlei,
und Futternäpfen sonder Zahl,
was war da all's dabei:

Ein Hundekuchen, Ballen Heu,
Schrot, Körner, Maische heiß,
fand auch noch Küchenreste vor
von Braten, Kohl und Reis.

Quer fraß Karnickelchen sich durch,
das Ziel im Hinterkopf,
sodass es eifrig leerte bald
Fressnapf und Suppentopf

Sein Bäuchlein wurde komisch rund,
dann zwickt und zwackt es gar.
Karnickel wurde seltsam krank,
gestorben um ein Haar.

Doch fraß's vom Wegesrand ein Kraut,
das niemand sonst entdeckt,
und merkt erst nach geraumer Zeit:
"Es heilt mich- wie's auch schmeckt!"

Doch war da noch der dicke Bauch
von seiner Völlerei-
ein Stöhnen, Drücken kam ihn an-
gelegt war's - Osterei!

Die Hennen gackern aufgescheucht:
"Bunt treibt er's, das ist klass!
Wir küren ihn zur Nummer Eins-
Es lebe Osterhas!"

M.S. 22.12.2001

Hehehe

Conny: „Mach was draus aus den fettgedruckten Wörtern!"

Im Sound von **Bebop hoppeldipopperl**
scheppert daher ein HNNN? WER???am Mopperl.
Ist es ein Hase oder ein Flugratz?
Erster Rasenpedant vom nächsten Flugplatz?
Ein Fingernagel- Stylist,
dessen Sockengeruchsspektrum
den ersten **Trenn- Müller** im Rinterzelt brachte um.
Ein **Himmelszeltfarbenanalysator** mit **Plaque,**
der gewissenhaft Glückwunschpunsch prüft
jeden Tag?

Diese Frage lässt mich, ihr „weich(es-) Ei- Gfrisa" ganz **relaxt..**

Ich schau seine **Socken** kurz an,
ruf:„ Ja, endlich, des is a!
Des is der größte aller Schnösel !
Er nennt sich
Quakszampfludriwurgstschrambambösel.

M.S. 27.10.2014

Heidenröslein und Heidi Röslein

Das „Heidenröslein" von Johann Wolfgang von Goethe wurde von vielen Komponisten, darunter Franz Schubert, vertont:

„Heidenröslein"

Sah ein Knab ein Röslein stehn,
Röslein auf der Heiden,
War so jung und morgenschön,
Lief er schnell, es nah zu sehn,
Sah's mit vielen Freuden.
Röslein, Röslein, Röslein rot,
Röslein auf der Heiden.

Knabe sprach: „Ich breche dich,
Röslein auf der Heiden."
Röslein sprach: „Ich steche dich,
Dass du ewig denkst an mich,
Und ich will's nicht leiden."
Röslein, Röslein, Röslein rot,
Röslein auf der Heiden.

Und der wilde Knabe brach
's Röslein auf der Heiden;
Röslein wehrte sich und stach,
Half ihm doch kein Weh und Ach,
Musst es eben leiden.
Röslein, Röslein, Röslein rot,
Röslein auf der Heiden.

Johann Wolfgang von Goethe

Heidi Röslein

Sah ein Punk ein Mädel stehn,
Mädel namens Heidi.
Kein Tattoo – doch sonst sehr schön.
Trat er hin, sie nah zu sehn,
sah's mit Kennerfreuden.
Mädel, Mädel, Mädel roh,
Mädel namens Heidi.

Punker sprach „Ich steche dich,
sollst Tattoos bekommen!"
Heidi frug: „Was malst du da auf mich?
Mach ich mich nicht lächerlich,
werden sie einst faltig und verschwommen?"
Mädel, Mädel, Mädel roh,
Mädel namens Heidi.

Und der wilde Punker stach,
Heidi musste leiden,
tätowierte Stich an Stich-
Totenkopf, Schwert, Rose; Ewiglich
Sollten diese Bilder auf ihr bleiben.
Drachen, Schwert und Totenkopf,
und Röslein auf der Heidi.

© Margit Schmidt 13.5.2016

HEILT ein Doktor

HEILT ein Doktor schnell und gleich,
wird er davon selten reich.
Pfuscht er herum ein halbes Leben,
wird ihm viel mehr Geld gegeben.

Drum geh doch lieber- sei nicht dumm-
zum Menschenfreund ! –
Brimborium
hat der nicht nötig,
bleibt stets bieder.
Er weiß- wann's not tut,
kommst schon wieder.

Er hat gelernt in langen Jahren:
Die oft gelumpt, unmäßig waren,
kommen hernach in hellen Scharen
zum Hausarzt, wo s' als Kind schon waren.

M:S: 25.12.2015

Heilungsengerl an Ulf und Basi

Ihr armen Maroden!
Was sind das für Moden?
Kein Weihnacht in Loden?
Kein Winterwald- Roden?
Befindet euch- wo denn?
Ihr seid nicht am Schihang?
Auch nicht beim Lauf- Lang?
Kein Aktions- und Sport- Drang?
Kein Räucher- und Betgang?
Nicht einmal Müßiggang?
Statt Krippe
Grippe
in der Sippe,
rotzige Lippe-
In Ohnmacht ich kippe!

Baldige Genesung!
LGMuTh
28.12.2017

Hendi

Der klane Franz saust wia verruckt
im Hendlstall herum,
und fangt nach langer Jagd a Henn,
die bleibt ganz still und stumm.

Erst klemmt er sich's fest unter'n Arm,
dann halt er sich's an's Ohr,
hernach redt er dem armen Viech
an rechten Bledsinn vor.

Die Mutter schimpft: „Du dummer Bua!
Was tuast denn da? Bist bled?"
Der Franz muaß ihr des glei erklärn,
weil sie des net versteht:

„I muaß mei eig'nes Hendi habn,
weil in der Zeitung steht,
dass, wer heut in sein will bei uns,
nicht ohne Handy geht."

H-I-L-F-E

Hegt Ida Liebe Für Erich?
Hat Ihr Liebeskummer freche Erinnerungen?
Habt Ihr Liebessalbe für Einsteiger?
Handys interessanterweise legen faule Eier.
Holt Ihr Liebesobjekten frische Erdbeeren?
Hänselt Ines lüsterne Frevler erbarmungslos?
Hoppelt Irenes lochmaschenbesetzer Freund entenartig?
Heute isst Ludwig französischen Entenbraten.
Hungert ihr lieber frühmorgens ersatzweise?
Helft ihr lollilutschenden frechen Erstgeborenen
Heute ist langer finanzschwächender Einkaufstag.
Hat Interspar Lieferschwierigkeiten für Eisbeine
Hortet Ihr liebesförderndes frisches Edelweiß?
Hamstert Ingmar lustvoll fetziges Einwickelpapier?
Hört Isidor Lottes fiependes Ersatzgejammer?
Hasten Ingenieure lattenschwingend forn Einsatzort (nana)?
Hat Ikebana Liebesarrangements für Einsatzleiter?
Hortet irgendein lausiger Floh Eigenblut?
Hassen Iglubewohner lauwarme frühlingshafte Eintagsfliegenschwärme?

Hasst Ihr langwierige fade Endlosreden
Halt! Ihr Literaturkritiker! Finale! Ende!
Hiatzt is lästig für euch.
Schluss mit der H-i-l-f-e !
(Ahso? I hab glaubt- heit ist leinwand für euch)

*7.5.2008 M.S. für das THOMARGOSCHI-
Programm „HILFE" geschrieben.*

Hilfe beim Dichten

Gusterl wollt mit meiner Nichten
treffen sich einst unter FFFFFF (ichten) Föhren
Wollt was von ihrem iPOD hören
-ja, sollen wir sie dabei stören?

Weil er dort sie <u>an</u> nicht traf,
rief er laut: „Sie ist ein (Schaf) Reh
Wann endlich ich sie kommen seh?
 Liegt bis dorthin gar schon Schnee?"

Schon trat sie aus des Waldes Schatten,
sprach: „Ärger bist als tausend RR (Ratten) Ritter!
Wie ich vor deinem Anblick zitter!
(Weil ich die Begierde witter)

Ich hab den iPOD glatt vergessen
Mein Dackel hat ihn aufge(fressen) schnappt
Drum hat es leider nicht geklappt,
dass ich ihn hätte mitgehabt."

„Was wollen wir jetzt unter Föhren
zu zweit jetzt miteinander (hören) machen?
Da gäbs doch sicher andre Sachen .
(Wenn da nichts ging, das wär zum Lachen!)

Komm, setz dich doch zu meiner Linken.
Wir können um die Wette sch(tinken) schießen
mit Zapfen schier bis zum Verdrießen,
und Birkenblüten, bis wir nießen."

„Oh nein, so etwas mach ich nie,
löst bei mir aus nur Alle(rgie)mal
so ein Gefühl, so schwer und schal,
als säß auf mir ein Buckelwal.

Oh Gusterl, was fällt dir jetzt ein?
Du bist vielleicht ein großes Sch(wein) Genie!"
„Jetzt," denkt er, „jetzt gleich oder nie!"
Und zwickt sie neckisch rasch ins Knie.

Als hilflos kichern sie nun muss
raubt rasch er ihr den ersten Kuss.
Weil reimen es sich muss zum Schluss,
sonst leidet noch der Dichtung Fluss.

M.S. 7.5.2008
Geschrieben für das Jazzkabarett Thomargoschi
mit Thomas Kukula, erfuhr es bei der Vertonung von
Robert Unterweger als „Dicht-Dichter-Nonsense"
für die CD „Die Lieder- lichen" einige Änderungen.

Humor

Das Augenzwinkern-

zwingt das Auge den Kern zu sehen.

Geht nicht nur den Dingen auf den Grund,

hilft auch, auf dem Boden zu bleiben.
.
Siehe auch: jüdischer Humor.

M.S.15.3.2012

I spülat so gern Saxophon

I spülat so gern Saxophon-
Des stell i ma unhamlich klass vua!
Sax hat so an urgeilen Ton,
a jeder wü(ll)s hearn bis in da Fruah.

Spü(l)t ma an tiafn Ton,
der richtig schee vibriert,
is glei des Publikum
en-thu-u-si-as-miert!

Und röhrt ma auffe
in d'höchste Höh',
wackeln die Ohrwaschln
beim Flageolett!

Ma braucht gar ka Mikrofon,
von weit weg hearns an schon.

Wann nur aaner „Spüüts do(ch) Sax" schreit-
San schnö aus'm Koffer 'zogen-
Sax, Mundstück, Rohrblatt, Bogen.
Steck, steck, schraub, schraub,

A Schmalz ois (=als) harte Drogen.
Beim ersten ›TRÖT‹ fliagt weg der Staub.
Es ist fast nicht gelogen:
Ganz wurscht, ob's alle Leit freit:
Man ist jederzeit -
bereit.

I stell ma des unhamlich klass vor:
Zerscht lern i Sax,
und dann geh i auf Jasstour!

© Margit Schmidt 17.1.2016
(Schlussidee Thomas Kukula)

I waas no net

1.) Es fragt der Patient den Arzt:
„Bin gsund i oder krank?
Soll i jetzt ach und wehe schrei'n –
Ruaf liaber Gottseidank!"
Der Arzt bedächtig wiegt sein Haupt,
schaut die Befunde an,
denkt:„ Wie bring i den faulen Sack
ganz schnell auf Vordermann?"

2.) Im Parlament is Pressestund.
Reporter fragen wild.
Was immer zur Entscheidung steht,
es ist dasselbe Bild.
Die Antwort steht scho klar im Raum,
doch der Politiker
genussvoll seine Macht jetzt zeigt
und macht es allen schwer:

3.) Wann du mi fragst:
„Hast du mi gern,
machst ´s Herzerl für mi auf?
Dann sag i z'erscht amoi gar nix
(weil eigentlich brauchst da net fragen,
waast eh die Antwort drauf).

Doch willst es immer wieder hearn,
romantische Natua,
vielleicht mi dann der Schalk no packt
und i sing dir dann vua:

Refrain: I waas no net ganz sicher jetzt,
i denk grad drüber nach
doch wirst / werdn'S es glei erfahrn sobald
entschieden is die Sach.
Die Chancen stengan eh ganz guat,
die Hoffnung is zu recht.
Doch übereilt (d)a Antwort gebn,
des is ganz sicher schlecht.

M.S. 1.7.2007

Bei der Vertonung durch Robert Unterweger für „Die Lieder-lichen"
wurden einige Textpassagen verändert

I wünsch ma

Junger Mann!
Meine Erwartungen?
Was kommen soll, kommt eh,
was nicht kommt, kann man nicht erzwingen.
Besonders kreative Sachen "funktionieren"
nicht. Weißt du ja eh.

I wünsch ma an Kopf voller Flausen,
a Hand voller glitzernder Stern',
a Herz voller Schmetterlingsflügel,
zwa Augn - ja, des hätt i so gern-
die alls rosa grad segn megn,
wanns Not tuat,
doch aa dir ins Herz schaun,
wanns brennt.
Und a Lächeln, des guat tuat,
zum Hergebn.
Dass dei Tag afoch schöner dann rennt.

-hab i grad angsagt kriagt!
Schlaf gut (und bitte ausreichend)
LiiiGrüMargit
Mailantwort an Jerry
29.9.2018 2:55h früh
in den PC geschrieben

Ich wär' so gern der Weihnachtsmann

© Margit Schmidt

Ich wär' so gern der Weihnachtsmann-
weil er das tut, was ich nicht kann.
Er bringt den Menschen gute Gaben,
meist etwas, dass sie noch nicht haben.
Die Freude, die er damit weckt,
wird's größer, wenn's im Rauchfang steckt...?
Er lässt die Herzen höher schlagen,
gar manchen nette Dinge sagen,
der sonst im Grantelhaufen wühlt,
nicht nur die Haar' mit Essig spült.
Er lässt den Weihnachtsfrieden zu-
die meisten Stänk'rer geb'n kurz Ruh
und sind erstaunt ob dieser Stille,
nach Hektik, Stress, Karrierewille.
Der Weihnachtsmann ist seeeehr beliebt.
No na! Weil er nichts nimmt, nur gibt.
Mit vollen Händen teilt er aus
und erntet rundherum Applaus.
Und was hat er von dieser Plag';
die er da schafft an einem Tag?

Mir scheint, den Rest vom ganzen Jahr,
da macht er Urlaub, eh mal klar!

© Margit Schmidt
Geschrieben am 10.9.2012 als Reaktion auf ein Mitmusiker- Mailer wolle nicht als Weihnachtsmann verkleidet auf einem Flyer zu sehen sein.

Im Boxring

Im Boxring geht's recht wild heut zua,
dass alles nur so staubt.
"Hab'n denn die zwa da net bald g'nua?"
als Zuschauer man glaubt.
Die dritte Runde fangt schon an-
K.O.Schlag-hohler Ton-
der and're tupft ihn nur mehr an-
er liegt am Boden schon.
A älters Weiberl sitzt ganz vurn
am Ring die längste Zeit.
Jetzt hebt sie sich gleich auf und mant:
"Des G'spüül is aus für heut.
Fangens zum Zähln erst goa net an,
Herr Ringrichter, hörn's auf!
Den kenn i aus der Straßenbahn-
der steht bestimmt net auf!"

M.S.2.1995

Im Dunkel

Im Dunkel liegt November noch
sein Ende zeigt ein "schwarzes Loch"
Noch ist das Rätsel nicht entwirrt-
ob wir 'nen Gig kriegn hochdotiert-
(den nehmat ma ganz ungeniert)
wenn's den net gibt, dann kumma doch.

M.S.22.9.2015

In Österreich

In Österreich da gibt's erst was,
wannst gsturbn bist.
Denn vurher, da gilt gar nix dei Talent.
A jeder rund um di scheniert si
allanig dafür, scho, dass er di kennt.
Was d'aa erfindst, machst, spielst,
es is a Gfrett.
A jeder tuat so, als ob ma a Krankheit hätt,
und findt des peinlich und unangepasst,
als ob ma was Grauslichs mit Fingern anfasst.

Doch bist erst gsturbn- so richtig tot-
Da kummens und trumpfen damit auf.
„Die/Den hab i kennt, i war per du
mit dem berühmten, tollen, coolen Talent!
I hab erlebt, wia sie / er hat dacht
und ganz einzigartige Sachn hat gmacht.
Ja draufkummen sans dann erst durch mi,
was die /der da war für a Genie!

Margit Schmidt- 1.7.2008

INDIAN(a)ER

Ich wär so gern ein Indianer,
Pfeil und Bogen in der Hand.
I brauchert kan' Guru, ka Internet,
i kummert durch mit mein Verstand

Ich wär so gern ein Indianer,
lebert frei am Donaustrand.
Und von dort mi weggatreibt,
des will do kaner,
werd als >Wien-nett-du<
stadt- und weltbekannt

I kunnt mi selber leicht verpflegn
Ohne jede Allergie
Denn was ma schmeckt, iss i, ka Überlegn
Schmeckts ma net, verzicht i drauf.

Mi bös anschaun, des traut si kaner,
geht sunst ham mit an Verband.
Alle Squaws im Land, die wollen mi verführen,
denn sie wollen mich und mei Tipi haben

Geh spiel mit mir heut Indianer!
Zerst versteckst du dich vor mir.
Und hast a guats Versteck
und wirst ganz keck,
dann schleich i mi hin zu dir.

A ganze Weil findt uns dann kana,
Denn wir bleibn da drin ganz still.
Wir tuan uns ganz nett
beim Wiesenbett anlahna
und genießen des
herrliche Quartier.

M.Schm. 17.3.2017

Internet

Auch wenn sich wer versteckt gern hätt-
ma findt eam glei - im Internet.
Tippt man im Google ein seinen Namen
gibt's ka Versteck mehr- in Ewigkeit, Amen.
Der eine scheint so brav, adrett-
des Google schreibt „andauernd fett"
Die Lady zählt sich gerne zu den Damen?
Nach zwei Glaserln Sekt
fallt sie gleich aus dem Rahmen!
So wird das Netz zum Tratschrevier.
Was wolln's? I kann da nix dafür!
's gibt ka Bassena weit und breit,
drum sag i- i geh mit der Zeit,
hock vor'm PC, tua internetten
und mit der Pfistranek lang chatten.
Mia haltn stundenlang des aus
und richten alle Nachbarn aus.
Am Screen steht stets was Edles drauf-
weil- ich stell mein' Kaffee hinauf.
Is Kipferl kann i schlecht eintunken-
na- wird er halt aso getrunken.
Er hilft sehr gut, er gibt die Kraft,
dass man die ganze Nacht auch schafft!

Die Schwielen wachsen am Popo,
im Aug die Spreizerln, das macht froh!
Das Handgelenk halt ich schön warm-
Sie wissen eh: Chat- Tennisarm.
Links von mir steht auch ein Achterl-
hoch drobn am letzten Pizza-Schachterl.
Die Zechennägel schaun durch d' Sockn-
des macht nix, i tua eh net rockn.
Bewegung? Na, des is net gsund!
I bin do net mei eigner Hund!
Hab i an Kreislauf a, an schlappn,
i geh deswegn net Frischluft schnappn!
I setz mi liaba gmüatlich her,
da vorn PC. Da bin i wer!
Da liegt vor mir die ganze Welt-
nur was im Internet ist, zählt!
Und falls sich wer versteckt gern hätt-
i find eam do- im Internet!
Tipp ich im Google ein seinen Namen
gibt's ka Versteck mehr-
in Ewigkeit. Amen.

Margit Schmidt 29.3.2011

Jagdglück

Graf Sülz heim von der Treibjagd kehrt,
tritt gleich zur Köchin an den Herd:

"Das Jagdglück hat mir sehr gelacht-
ich hätt' mir das gar nicht gedacht!
Ich hab erlegt so viel wie nie-
vier Wildschwein und ein Ne Tauf Mi!"

Die Köchin fragt verwundert an,
was das wohl für ein Tier sein kann?
"Ich hab des Vieh noch nie gesehn,
und legt schnell an, sah ich's dort stehn.

Da is glei ghupft, hat gschrien als wie,
ganz furchtbar laut, so: NET AUF MI !"

30.9.2001

Jazzklavier-wunderliches Instrument

Hat ein schwarzes Kastl
nur drei lange Haxl,
echt nur 3 statt 4,
handelt sich für üblich
nachbarohrbetrüblich
um das Flügeltier Klavier.

Hat ein großer Kasten
unzählig viele Tasten
wie die andre Sorte,
steht an einer Wand nah,
drauf spielt jedermann da
leis und laut- ein Pianoforte.

Hat die Riesenschachtel-
jeder sie beachte(l)
Stecker, Tasten, Schalter,
spielt skurrilste Klänge(l)
„Keyboard" heißts auf eng(e)l.
Schlüsselbrett- wie nett!

Der Pianeur setzt sich davor-
schnell schließt der Nachbar Tür und Ohr-
klappt erst noch froh den Deckel auf
und haut wild auf die Tasten drauf.
Die geben diesen Druck gleich weiter.
So kommts –nicht zur Karriereleiter!-
die Tonleiter rauf und runter tönt.

Da fühlt der Nachbar sich verwöhnt,
wenn endlich Sonatinen klingen
und Melodien zu Ohren bringen.

Doch weh und ach! Was hör ich jetzt?
Der Nachbar ist total entsetzt.
Die klassisch netten Weisen enden.
Zu Jazz will sich der Spieler wenden!
Verspielt er sich? Stehts doch so da?
Der Nachbar ist den Tränen nah.
Wird aus den Tonturmlabyrinthen
der Pianeur zurück noch finden
zu weich harmonisch netten Stellen?
Die Tensions aus den Tasten quellen.

Nach vielen Stunden, Tagen, Jahren
der Nachbar sitzt mit grauen Haaren
in seinem Lehnstuhl, lauscht verzückt.
Nein, er ist NICHT total verrückt!
In des Berieselns vieler Stunden
hat er zuletzt herausgefunden:
Viel angenehmer ruh ich hier,
hör ich dabei ein Jazzklavier.
Man braucht für die totale Wellness
Vienna Jazz Serenaders Old Jazz!

15.5.2014 MS

Kannibalisch

„Ach, Herr Papa" sagt's Töchterlein,
heut Abend, des is gwiss,
bring i zum Essen einen Herrn,
um den is recht a Griss.
Er is no jung und fesch und gscheit,
5 Sprachen spricht er goar,
und auf der Universität
tragt er Geschichte voa."
„Von mir aus kann er schaich und bled,
a ganza Dodl sein,
und wann er no so punkert ist,
störts mi net ungemein.
Nur", warnt der Kannibal'npapa
die Menschenfressermaid,
„wanns wieder so a zaacher is,
dann macht er mir ka Freid."

M.S. 29.08.1995

Klavier- Antwort

Net so schnööö!
Wart amoi-

Die Tastn selber san net laut-
ob ana allwei einehaut-
dass ma den Krach gar net verdaut,
sich wer kaum hinzugreifen traut-
und s'schließlich streichelt wia a Braut.
Auch hier man schaut
auf gebaut!

Ausschlag-gebend:
Net die Phon,
Mancher rennt da glei davon!
Nur der Ton,
dringt er an sein Ohr son-or,
lockt ihn schon
harmoniebeglückte Klangkaskaden
regenbogenschillernd einzuladen,
ihm das Sein in sanftem Schwingen
glücksvertraut doch nahzubringen.

Auf laut und vüü kummts gar net an!
Des Herz muass spieln-so geht ma's an!

© Margit Schmidt 27.9.2011

Komischer Vogel

Im Hörsaal der Universität
ein Prüfling vorm Professor steht.
Ein Käfig ist auch in dem Raum,
halb zugedeckt, rein sieht man kaum.
„Nun, sagen Sie mir, junger Mann,
den Namen dieses Vogels an!"
Vom Vogel sieht man Haxen nur-
-Max hat von Ahnung keine Spur.
„Den Namen weiß ich leider nicht."
Verärgert der Professor spricht:
„Sie ahnungsloser Dummkopf, Sie!
Sie Ignorant, wie heißen Sie?"
Kokett hebt da der junge Mann
den Saum des Hosenbeines an
und spricht dann voller Ironie:
„Mein' Namen woll'n S' ?
Dann raten Sie!"

1.1997 MS

Immer denk i an di

Wann i die Ringstraßn fahr,
ja, dann denk i an di,
weil i durt oft mit dir war,
denk i durt nur an di.
Staatsoper, Uni, Hofburg, Museen,
der Heldenplatz,
Parlament, Rathaus, Schwarzenbergplatz,
das Burgtheater,
welch ein Schatz!

I kenn die Häuser, die Bam,
weil i durt war mit dir.
Die Zeit war schen wia a Tram,
des vergiss i gar nie.
Ganz sentimental
möcht i no amal
stehn Hand in Hand, du und i!
Und - was wird draus für mi?
I denk nur an di!

MS. 12.3.2019

Kommunikation

Am Bahnhof stengan zwa beim Gleis-
Der Loisl fahrt nach Klaus.
Der andre hat zum Zug eam bracht,
der will glei wieder zhaus.
„Bevors d' jetzt gehst, da muaß i da
no schnell die Gschicht erzähln,
wia aner wollt dem Trummer Franz
sein neichn Koffer stehln."
Ma heart den Zug scho aus der Fern,
doch Loisl redt und redt:
„Der Franz hat sich a Biachl kauft,
was der doch nia versteht,
hat sich aufs Bankl gsetzt und dann" –
der Freund deut Richtung Gleis –
„— na, net durt drübn! In Steyr war's.
des war a weite Reis!".
Der Zug halt an, doch Loisl redt:
„Macht sich doch der den Gag:
Schlagts Biachl auf und halts verkehrt,
glotzt eine, schaut net weg."
Die Leut steign aus und andre ein,
doch Loisl redt und redt --
Der Freund greift sich am Kopf verdutzt –
„Gelt, kaner des versteht!
Er hätt fast net bemerkt, dass hint
a Diab sein Koffer nimmt." –
Der Freund halt sich die Augn zua –

„Na, 's guate End glei kimmt!
Wia der grad hingreift nach' n Griff,
draht sich der Franz gschwind um
und scheucht den Diab energisch weg.-
Was drahst an mir herum?
Die Gschicht is aus, mei liaber Freund,
so gib mir doch a Ruah!"
Jetzt platzt dem Freund halt doch der Kragn,
halts Maul dem Loisl zua:
„Wann du amoi zum Redn anfangst,
da kumm i net zu Wurt,
verstehst aa net, was i dir deut-
durt fahrt dei Zug grad furt.
M.S. 9.1.2006

Kopfweh

Ein Mann geht zum Doktor
und klagt ihm sein Leid:
Von der Stirn über d'Schläfen
bis in' Nacken - so breit-
er zagt fünf Zentimeter-
tut eam weh 's ganze Hirn,
Jeden Tag, jede Nacht,
und des tuat eam recht stiarn.
Da fragt eam der Dokta:
Ob er leicht recht vü isst?
Oft scho angsoffn war?
Zu viel Frauen geküsst?

Der Mann wehrt energisch
jeden Vorwurf von sich:
"I hab kane Laster, bin stets ordentlich.
Mei Frau und mei Chef san zufrieden mit mir,
weil i zu verlässig allerweil funktionier'.
I mach brav mei Arbeit im Büro und daham.
Nur- des Kopfweh verfolgt mi
bees bis in mein Tram.
Was soll i denn machn?
So schreibn S' ma was auf,
damit's Kopfweh schnö guat wird!
I g'freuert mi drauf."

Der Doktor kurz grübelt,
die Schultern dann zuckt.
"Hier nutzt's überhaupt nix,
wann a Pulverl man schluckt.
Der Schmerz um ihr'n Kopf-
's kann nix anders sonst sein-
was ihna so druckt
is der Heiligenschein!"

M.S. 07.02.1997

l'Accordiana

Es war einmal im 2. Hieb-
man noch die 60er- Jahre schrieb-
da lernte brav Akkordeon
vom alten Josef Schmidt der Sohn.
Er spielte mit und ohne Noten
auch Schlager, die sich grade boten.
Prof. Ichmann hieß die Frau,
sie wollte jedes Stück genau
und gut betont stets von ihm hören.
Mit Charme konnt' er sie nicht betören.
Weil er ein guter Schüler war,
kam er bald ins Orchester gar.
Dort spielte 3. Stimm' er brav,
und erstmals er die andern traf,
die auch Akkordeon dort spielten,
und es noch lang in Ehren hielten:
Helene, Gitti, Gisi und
die Ingrid waren in der Rund'.
Sie führten manches Stück dort auf,
doch weiter ging des Lebens Lauf.
Zerstreut in alle Winde war
schon bald die ganze Ichmann- Schar.
Der Pepi schaut' beim Studium
sich nach 'ner Nebenarbeit um.
Er wohnt' mit Margit, seiner Frau,
zu zweit in der Brigittenau.
Die VHS sucht Lehrer von
Gitarre und Akkordeon.

Das unterrichten beide sie.
Jed's Jahr gibts ein Konzert -und wie
genügend Schüler sind vorhanden,
ist ein Orchester dort entstanden.
Bei dem die Ines war dabei,
auch Georg blieb der „Quetschn" treu.
Im Gegensatz dazu tauscht' Heini-
er ist sich mit Frau Ali eini(g)-
Gitarre gegen Schlagzeug ein-
Christin' kommt auch so zum Verein.
Sie bringt noch unsern Raimund mit,
der Schlagzeug gerne schlägt und tritt.
Inzwischen hat auf seine Weis'
versammelt sich der Ichmann- Kreis.
Das Ganze hat sich fusioniert-
Akkordeons und Schlagzeug, Bass
zu spielen macht uns großen Spass.
Wir dachten nicht, dass Saxophon
so gut klingt zu Akkordeon.
Das machte uns erst Thomas klar-
er kam als letzter zu der Schar.
Der Sound ist einzigartig - doch
l'Accordiana wünscht Euch noch-
Ihr werdet uns darob nicht rügen-
zu diesem Abend viel Vergnügen.
14.3.1998 im Schutzhaus Brünnerstr.100
gelesen.

Liebe Frau Direktor!

Na endlich wirst Du ausgespannt
Aus Schulpflicht, Tretmühl', andrem Tand.
Wir kennen uns schon viele Jahre,
glaub mir, der Ruhestand ist jetzt das Wahre!
Die ganze Zeit träumt man im Stillen,
was man doch tät nach eignem Willen.
Wär dies und das nicht erst zu machen –
Man braucht auch Geld für seine Sachen.
So warst Du fleißig drauf bedacht,
dass jeder auch das Richt'ge macht.
Der Schulbetrieb sollt ohn' Problem,
für Kind' und Lehrer angenehm,
nach Möglichkeit glatt ab stets laufen,
wie oft fuhrst Du noch schnell was kaufen!
„Die Kinder sollen Spaß auch haben,
wenn sie am Wissensbrei sich laben."
Den Lehrerinnen machst Du Mut:
„Das Kind ist arm und DU BIST GUT!
Es geht halt manchmal nicht gleich glatt,
bis man ein Kind gebildet hat!"
Vor lauter Rackern, Nix-Vergessen,
Kommst nicht mal mehr zum Mittagessen.

Dein Leben ist für andre da.
Ist da nicht noch wer? Ich sag ja!
Du selber bist's, vielleicht im Stillen
Die Träume, die sich nicht erfüllen,
beiseite schiebend, statt zu leben.
Doch neuen Sinn musst Du jetzt geben
Den Tagen, die Dir jetzt beschieden,
die Chance nützen, die hienieden
das Leben zur Gestaltung gibt.
Es ist als wär man frisch verliebt!
Die Welt steht offen – was nur tun?
Am besten erst mal aus sich ruhn,
genussvoll langsam aus sich wählen:
Geh ich auf Reisen? Pferde stehlen?
Trink ich beim Heurigen an Wein?
Lass ich mal fünf auch grade sein?
Geh auf Kulturtrip, ins Konzert?
Such ich den Sinn, der ewig währt?

So birgt der Ruh'stand viele Tücken.
☹
Die Altersweisheit Mut zu Lücken.
☺

Das Leben ist dazu gedacht,

dass es vor allem Spaß Dir macht!
Die Freude, die Du hast am Leben,
kannst dann ganz einfach weitergeben,
und trägst so bei zu andrer Glück,
und bist vom Himmel selbst ein Stück!

    Es umarmt Dich Deine Margit

Wien, 19.Juni 2007

Liebe Genusshörer- innen, außen und überhaupt!

Der Sommer - nicht auf leisen Sohlen-
er kam bereits ganz unverhohlen.
Mit über 35 Grad.
Da wäre es doch wirklich schad,
ging' man nicht schnell ins nächste Bad!
Will man vorher noch köstlich speisen,
gibt's Brunch zu moderaten Preisen.
Die Musi ist auch mit dabei,
macht froh das Herz, von Trübsal frei.
Wir freu'n uns, wenn uns wer erhört-
nein, wir fühln uns nicht gestört!!!
Geht sich nicht aus der Brunchbesuch -
bist doch für uns kein rotes Tuch.
Wir wünschen ALLEN weit und breit
eine schöne Sommerzeit!

Thomas & Margit

M.S. aus N2GO 20140613 Wurf.doc

Lobeshymne für Ruth

die Ruth
ist gut
was sie auch tut
sie packt es an mit frohem Mut

ob Vogelbrut
ob Eisenhut
ob Flammenglut
ob Elternwut

ist was akut
Ruth
absolut
nicht ruht
weiß, was sie tut
sie packt es an mit frohem Mut
was sie auch tut
ist gut
bei Ruth

Alles erdenklich Gute zum Geburtstag!
Margit Schmidt
(30.5.2011)

Lobpreis der G#ntechnik

Das Gaumensegel flattert zart im Wind.
Es tönt ein langgezognes G#nen-
den Schlummer fand so manches Kind
erst durch ein herzhaft' Kiefer-Dehnen.

Margit Schmidt 19.7.2001

Margit für Gerda

(Telefonat 8.5.99)

Gebraucht ist das Geschenkpapier,
der Christbaum längst verheizt -
So tun, als ob noch Weihnacht wär,
das hat mich doch gereizt.

So hängen wir an altem Tand,
(dem längst schon kam die Zeit
abhanden)
und halten fest mit müder Hand
den Rest des Fests, das wir nicht fanden.

Doch siehst du, was im Innern ruht,
wird fröhlich wieder dein Gemüt sein:
Dies Buch ist - ein'steils –
als Geschenk gut,
und siehst du lesewütig bald rein -
du hast ja Interesse und Humor -
gefällt dir sicher dieses -andernteils –
Zeichen unsrer Freundschaft,
die so besteht wie stets zuvor.

MargÜts SchÜttelreim fÜr n SchÜttelverein

Um abzuhüten,
dass wir schüttelnd
im Kühlen stünden,

wolltet Ihr uns
geschüttelten Reim
von den Stühlen künden.

M.S. 07.02.2015

Kommentar: …und famos geschüttelt natürlich.
 Liebe Grüße, Johannes

Mein größtes Geschenk bist du

So oft hab ich geträumt
von einem schönen Palast
mit tausend Schätzen, mit Luxus und Pracht
Mein Leben wollt ich füllen
mit Festen und Feiern,
mit atemberaubenden Erlebnissen
Tag und Nacht.

Den Palast hab ich niemals bewohnt-
er war kalt und leer, denn er hatte kein Herz.
Die größten Feste sind sinnlos und schal,
stehst du allein da mit deiner Freude,
deinem Schmerz.

Es gibt einen Platz, an dem du dich
wohl fühlst, geborgen,
die Wünsche verschwinden,
die Sehnsucht verstummt,
wo du bleiben willst
trotz Mühsal und Sorgen,
weil's dir die Last
von den Schultern nimmt.

Wo immer ich suche, ich komme zurück
zu dem Ort, wo mein Weihnachten ist,
wo die Bescherung das ganze Jahr lang möglich,
mein Geschenk immer da für mich ist:

Ich brauch keinen Palast, kein Stoffkänguru,
keine Protzgarderobe, keinen teuren Guru,
keine Kreuzfahrt mit Luxus
und Schnickschnack dazu.

Mein größtes Geschenk bist du.

MS 12.12.2018

Missgeschick

Im Leben kommt man öfters drauf-
ein Fenster zu, ein andres auf-
dass just das Fenster, das da stand,
nicht ausreichend Beachtung fand,
obwohl gerade dieses da
geeignet für den Zweck 1 a !
Geschlossen blieb's und unbeachtet.
Zu öffnen man es später trachtet.
Der richt'ge Zeitpunkt wirkt sodann,
dass man es gut verwenden kann.
Doch weist sich's oft als großes Glück-
denkt man mal später dran zurück,
dass es doch ungeöffnet blieb
und einen nicht ins Unglück trieb.
Dann ist so manches Ungeschick
im Endeffekt halt doch ein Glück.
(Hätt' ich den Fehler nicht gemacht,
hätt' ich dies Verslein nicht erdacht!)
Bitt um Verzeihung für die Leere
des e-mails! Gebt uns doch die Ehre
Besucht uns bei der Jazzmusik!
Ich hoff', ich schaff den richt'gen Klick,
und schick die Liste wirklich so,
dass wir uns sehn- da wär' ich froh!

Mit herzlichen Grüßen Margit Schmidt
14.6.2003 (Entschuldigung für e-Mail ohne Anhang)

Moderne Schule

So 14 Tag nach Schulbeginn
fallt dem Inspektor ein:
"Vielleicht sollt ich in d'Hauptschul' schaun-
was wird dort los wohl sein?"

Beim Läuten macht die Tür er auf
vom Klassenraum 1a.
Entsetzt weicht er drei Schritt zurück-
oh Schreck, was sieht er da?

Ein wilder Haufen springt herum,
ein jeder furchtbar schreit.
Der Herr Inspektor weiß sofort:
Hier fehlt Verantwortlichkeit!

Er setzt ganz ohne Zögern gleich-
weil Disziplin er will-
den größten Schreihals vor die Tür.
Da wird's mucksmäuschenstill.

"Warum geht's denn nicht gleich so ruhig?"
meint er dann jovial.
"Ihr könnt jetzt wieder weitertun
in eurem Klassensaal."

Ganz schüchtern meint ein Schüler da
und gibt sich einen Ruck:
"Bevor wir weiterkönnen tan-
gebn S' unsern Lehrer zruck!"

M.S. 8.9.1996

Mondenschein

Zwa Bsoffne san am Weg nach Haus,
der Mond leucht ihnen hell voraus.
Des merkens aa nach kurzer Zeit
und graten drüber prompt in Streit:
"Der Mond leucht heut schön GRÜN daher!"
"Der is doch BLAU- so schau doch her!"

Weil sie sich gar net einig san,
reden's gleich den Wachmann an,
an dem's vorbei in Kurven gehn-
"So helfns uns, so bleibns doch stehn-
Geh, schauns den Mond doch an genau-
der is doch wirklich GRÜN!"-"Na, BLAU!"

Der Polizist dorthin sich dreht,
wo grad der Mond am Himmel steht.
Man sieht ihn starr nach oben sehn-
"Ja Welchen manens? Den? Oder den?

So kummts sehr oft am Blickpunkt au.
wia man was siecht, ob grün, ob blau.
Wen dritten fragn oft gar net geht,
weil der des a net guat versteht.

Der Mond, des was i jetzt genau-
is, wann er grad net leucht, ganz grau.
Die Farb is- wia kunnts anders sein-
wia viel im Leben- aa nur Schein.

M.S. 27.7.1999

Morgengymnastik

Zwei Damen sitzen beim Kaffee
und plaudern frisch drauflos.
„So ein paar Kilo leichter sein,
das wäre doch famos!"

„Man sagt: Bewegung Fett verzehrt,
wenn täglich man sie macht!"
„Hörn S' auf, mein Mann macht des
schon lang,
bis jetzt hat 's gar nix bracht!

Am Morgen springt er wie verruckt
gleich aus dem Bett um acht,
wenn's Frühgymnastik- Radio
nur die Signation macht.

Er rennt sofort ins Kabinett,
wo er dann pascht und lacht,
doch schau i ma sei Wampn an,
siach i- es hat nix bracht."

„Frau Nachbarin, des kann ganz leicht
ich Ihnen schon erklärn,
weil aa die Müllers visavis
des Morgenradio hörn.

Und die Patricia- sportlich frisch-
die mit der tolln Figur-
drauf schwört, dass Turnen
richtig wirkt
bei offnem Fenster nur."

6.1995 MS

Morpheus sleeps
(Text Margit Schmidt)

Eiskristall

Kaltes Mondlicht
Lässt das Blut gefrier'n
Eiskristall in Morpheus Bart.

Machst die Zeit alt,
kannst den Tod verführ'n-
schlaf und träume zart!

Träum dir dein Leben neu.
Mein Liebling!

MS 4.2.2010

Muttertagsgedicht
zum Geschenk Überreichen
(Margit Schmid 10.4.2014)

Am Himmel steht ein Stern,
der heißt „Ich hab dich gern"
Ich hab ihn mitgebracht.
Er leuchtet Tag und Nacht,
ist immer in Betrieb.
Sagt dir: „Ich hab dich lieb!"

Muttertagsproblem

Verflixt- heut ist schon Muttertag!
Was mach ich nur?
Das ist die Frag!
Ich soll der Mama danken fein,
Geschenke bringen, nicht zu klein!

Da hab ich wirklich ein Problem!
Was ist für Mama angenehm?
Ein neues Kleid ? Ein hübscher Schal?
Mein Börserl ist dafür zu schmal!

Ein Gutschein über Aufräum- Pflicht?
Na! DEN mach ich ganz sicher nicht!

Viel besser ist da Schokolade!
DIE ist SUPER! Keine Frage!
Grad eine hab ich noch versteckt,
an der hab ich nur kurz geleckt.
Die kleb ich fest mit Uhu zu,
pick noch ein Karterl drauf im Nu:

"Der Mutter sei gedankt geschwind
von ihrem hilfsbereiten Kind!"

So überreich ich's, weil ich dann
ihr beim Verputzen HELFEN kann.

So kann ich ihr 's sofort beweisen:
Ich helf' ihr eifrig beim Verspeisen.

10.4.2014 Margit S.

Natur & Seele

Im Dunkel der Nacht

hat das Schweigen seinen Hort.

Großer Geist spannet auf das Nichts,

gibt Raum, lässt sich Zeit

tief' Schaffen zu vollenden.

Himmel's Blau zersplittert tausendfach

auf immer neue Weise.

M.S. 2016

Oh Mutter (Brief an die Mutter)

Oh Mutter, du bietest mir stets festen Halt.
Macht mich etwas heiß, lässt's auch dich niemals kalt.

Du kennst kein Zögern, kein Zittern, kein Zagen,
Wenn du mich erwischt, hältst du fest mich
am Kragen

Du lässt mich erst los, dass ich mich dir entwinde,
wenn ich auch den richtigen Dreh dafür finde.
.
Ich weiß, du hörst es mit blankem Entsetzen-
Für mich bist du wirklich ganz leicht
zu ersetzen.

Bist du total verdreht, geschraubt,
blockierst mich ganz, kein Ruck erlaubt.

Na gut –was soll's - bin nicht dein Kind,
zusammen hält uns nur das G'wind.

Ein Tropferl Öl werd' zum Lösen ich futtern-
Dann schau ich nach anderen Schraubenmuttern.
     Deine Schreckschraube
© Margit Schmidt 4.Mai 2017

Oh Weihnachten, oh stilles Fest

Oh
Weihnachten,
oh
stilles Fest,
das
völlig schlapp

uns hinterlässt.
Wie sehr hast du
dich doch verändert-
von herberglos
zu goldgebändert!
Konsumzwang steht im Vordergrund-
bis hin zum Elch- Fleisch für den Hund.
Die Kinder werden drauf trainiert-
nur " last release " wird akzepiert!
Was "innen" ist, ist völlig wurscht-
man stillt nur Hunger, Gier und Durscht.

Wozu nur diese leisen Töne?
Viel besser wirkt da Kreischgedröhne.
Ein Hit, der einschlägt, muss schnell her!
Dann hört die Stimme man nicht mehr,
die schüchtern fragt: "Wozu das Ganze?

Dies Kauf- Verteil- Wegwerf- Getanze?
Denaturiertes Freudenbringen
Durch - Irgendeinen -Schrott- Aufzwingen?
Den Wunsch Gemeinsamkeit zu leben
kann's nur als Einsackorgie geben?
Konsum allein –
oh stimmt mit ein-
ist wichtig fürs
Beisammensein!?"
Na gut- spiel ma noch "Stille Nacht".-
Wer hat da den Frieden 'bracht?
Kenn' i den? Is' der im Netz?
Oder is' er Schmäh und Hetz?
Die schlichte Weise wirkt noch immer,
verbreitet Frieden sanft im Zimmer.
Das heimelige Licht der Kerzen
erhellt den Raum, erfüllt die Herzen.
Wir sind im Kreise uns'rer Lieben- dafür ist heut ja Zeit geblieben:
Geborgen im Familien- Nest genießen wir das WEIHNACHTSFEST
Margit Schmidt

PALM-Sonntag

Palmström hat heut Namenstag.
Man glaubt es nicht, doch stimmt's.
Schenkt man ihm, was man nicht mehr mag,
und sei's auch Ramsch, er nimmt's.

Sonst hält er nichts von Kirchenkram,
von Andacht, Frömmelei.
Daher, wo er sonst selten kam,
jetzt rennt er schnell herbei.

„PALMsonntag ist heut, hört doch her!
An Eiern, Schinken, Gaben,
als Namenstagskind jubilär
darf ich sehr viel heut haben!"

Der Pfarrer mahnt ihn an die Frist:
„Wer Osterbräuche kennt
und merkt, dass du zur Unzeit isst,
dich wohl >PALM- Esel< nennt."

Margit und Thomas
20180325

Paradoxe David- Nachbars- Ohren

David lässt die Glocken klingen-
Wie schön sie neue Weisen singen!
"Das Glockenspiel ist viel zu laut!"
Die Nachbarn sind gar nicht erbaut,
verbitten sich den Glockenton
in heftig lauter Reaktion.

David lässt die Glocken klingen-
Der Caritas solls Geld einbringen.
Die Türglocke schrillt schrecklich laut-
Kein Nachbar so was leicht verdaut.
Doch jetzt gibt's NULL an Reaktion.
Bei noch so lautem Glockenton…

Man merkt – die Nachbarn haben feine Ohren,
in die sie manchmal Stöpsel bohren.
Und die Moral von der Geschicht:
Verlass auf Nachbarohr'n dich nicht!

Margit Schmidt- 12.4.2010

Pianotorte

Woll'n Drollies uns dadurch erschrecken,
dass Torten ins Wandloch sie stecken?
In den Spüler gar fein
solln die Torten hinein? - **Nein!**
Die lassen wir selber uns schmecken!

Ein BEBOP Törtchen erhaschen
Ist sehr fein- bleibt es ganz ungewaschen!
Es ist köstlich und leicht,
im Geschmack unerreicht.
Wir wollen's genussvoll vernaschen.

.Margit Schmidt   7.9.2015

Posaunentöne
für Sigi zum 50. Geburtstag, 28.Juni 2012

Die Qualität der „Trombone"- Töne
ist unterschiedlich- s gibt nicht nur schöne!

So mancher flattert Angsthas- artig
ums heiß ersehnte Ziel herum.
Ist irgendwie das Mundstück schartig,
Dass er's nicht findet? Ach, zu dumm!

Stand Pate dem das Rumpelstilzchen,
dass er nach heftigem Geschrei
in höchster Wut mit lautem Keuchen
sich selber riss entzwei?

Der klang glatt wie die Kunstlauffläche
unirdisch schön und unberührt-
am Schluss bremst er mit einem Rumpler,
dass man sein Rückenende spürt.

Horch, dieser schwingt sich unbefangen
in höchste Höh'n gar, himmelan.
Man meint, auf Wolken, zwischen Engeln
wird er erst enden seine Bahn.

Hat Obelix heut' Wildschwein- Hunger?
Ist aufgescheucht die ganze Schar?
Verwundert nimmt man dann zur Kenntnis:
Das Grunzen – die Posaune war!

Die Mordlust dringt dem nächsten Ton
aus allen Fasern wild hervor-
er killt' am liebsten jedes Ohr-
vor Jericho gelang's ihm schon.

Ein Waldvöglein ist aufgewacht,
ganz zart piepst es die ersten Töne..?
Oh nein, Posaunenklang erwacht,
erreicht uns, dass er uns verwöhne!

Die Operndiva, blass vor Neid,
kreischt: „Der stiehlt mir die Show!"
Das Publikum begeistert schreit
„da Capo" bei sein' Tremolo!

Der Posaunist, er schmunzelt still,
er weiß- das ist das Schöne-
Er ist der Herr. Ganz wie er will,
bläst er die feinsten Töne.

Sein Instrument schon ist ein Wunder,
mal kurz, mal lang, ganz nach Bedarf.
Und erst die Töne: voller, runder,
dann wieder laut und spitz und scharf.

Er setzt sie ein ganz mit Bedacht
der Hörer freut sich drauf und lacht:
Er pfeift auf die Walkür'n – Gesänge
und fordert Jazz- Posaunenklänge.

Re_Re_Re

Re: Re: Re.
Wenn ich dich so verstümmelt seh
vom h bliebn nur 2 Punktee
frag ich entsetzt
tuts dir nicht weh
Einst warst ein h-offnungs-volles Re**h**
am (Obertrumer) See
Jetzt tauchst nur auf als RE aktion,
stets nur im Gegenzug.
Ich frag mich was hast da davon?
Ich hätt da bald genug!
Die Zeiten haben sich geändert-
liegts nur am Sparprogramm?
Hats dir geraubt die Mehrwertsteuer?
Aus Reh wird Opferlamm!?!
Hat dir der Schritt aus Waldestiefen
das edle h geraubt?
Ist denn der Rechtschreibkommission
das Auslaut h zu minder
„Mit solchem überflüss'gen Tand
quält man doch nicht die Kinder!"

ne ne neee -klingts da gitarrenseits-
der Schritt war unabdingbar-
der Anfang war viel besser so-
wenn man zwei dots verbindet gar
einen Accent damit erzeugt,
das Torso-Re: davor noch stellt   Re
und noch eins von den ne   ne
Da weiß man, wer betrefffrei mailt
-und dann die Rehe zählt: René

M.S.11.9.2014

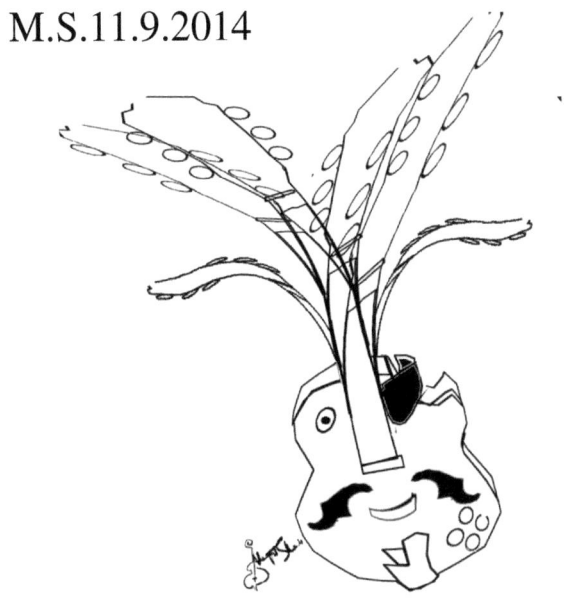

Rechenkünstler

Zwa alte Dippelbriada sand
im Wirtshaus vurm TiWi-Set glahnt.
Wis da so glasig einestiern,
hearns an Gelehrtn brat ausfüahrn,
wia Alkohol des Leben verkürzt,
die Leut nur grad ins Unglück stürzt.
„Ein Liter Wein- so ist die Lag,
verkürzt das Leben um einen Tag."
Der ane Tschecherant sofurt
sein Taschenrechner außatuat
und schreit bald drauf:
„Jetzt waas i's gwiß,
dass des do alls a Bledsinn is.
So überhaps zöh i da zamm,
was wir bis heit scho tschechert ham.
Wann ma da alls in Rechnung stellt,
kumm ma in 3 Jahr erst auf d'Welt."
M-S- 18.06.1995

Reimlexikon

Liebe Luise!

Des Dichters lästigstes Problem
ist: Wie reim' ich Reime schen?
Dass für die Silb' am Zeilenende
man ähnlich Endendes gleich fände,
ist dieses Büchlein wohl gemacht.
Da hab' ich mir sofort gedacht,
dass es Dir sicher Freude macht.
Heut' hab' ich es Dir mitgebracht.
Es knack' Dir manche Reimfuß-Nuss,
erspar' Dir das „Problem" am Schluss!

Herzlichen Dank für Deine stete
Unterstützung und freundliche Hilfe!

Wien, 19.Dezember 2003

Sängerschicksal

Die Winternacht dunkelt:
"Mama, sei nett",
sagt die klane Kathrin,
"i wü no net ins Bett."
"Na guat", mant die Mutter,
"s'läut' grad an der Tür.
Dann schau du, wer draußt is,
machst mir des halt dafür."
Die Kathrin saust hin,
kummt sehr schnell wieder zruck,
nachdem sie die Tür
zug'macht hat mit an Ruck.
"Vor der Tür stehn drei Männer,
singen laut a schens Liad."
"Da, gib eana 50 Schilling,
singen geht ma ins Gmüat."
"Na, des trau i mi net",
sagt d'Kathrin zur Mama,
"weil der lauteste Sänger (hick)
is nämlich der Herr Papa."

M.S. 10. 1997

Schlafende Projekte

In Morpheus Arm
ruht es sich warm.
Die Träume machen wahr,
was sonst leider nur rar:
Ein Plätzchen vor dem Publikum,
das Harmonie und Gaudium
genießt und honoriert.
Wann das wohl WIRKLICH wird?

(M.S. für die Bands auf der hp)
Nov.2014

Schlafschwierigkeiten

Zwei Freunde treffen sich im Bus,
der eine sieht schlecht aus.
"Die ganze Nacht lieg ich oft wach!-
Die Nächte sind ein Graus!

Was ich schon alles hab' probiert!
Ob Einschlaf-Elixier,
Tabletten, Gummihammer, Wein-
nutzt alles nix bei mir!

Was tuast denn du, wenn du amoi
net einschlafst in der Nacht?"
Da sagt der Freund eam unverzagt,
wie er es immer macht:

"Wann i amoi net schlafn kann-
dann zähl bis drei ich nur."
"Und wannst dann immer no net schlafst?"
"Dann zähl ich bis vier.......... Uhr."

M.S. 30.11.1997

Schnecken

A Schneckn- du, des sag i dir,
is wirklich intressant!
Vü Exemplare gibts davon
bei uns in diesem Land.
Dass Schneckn schrecklich langsam san,
is allgemein bekannt-
dass Langsamsein ein Vorteil ist,
liegt nicht gleich auf der Hand.
Doch wissen des die Schneckn, scheints,
und nutzns weidlich aus,
dieweil die andern rundherum
sich reißn d'Haxn aus.
Des braucht a Schneck erst gar net tuan-
na siachst- wie vorteilhaft-
Die Fortbewegung sie auch so
ganz ohne Haxn schafft.
Es dauert zwar geraume Zeit,
bis sie ihr Ziel erreicht,
und was sie alles schleppt mit sich
ist auch nicht immer leicht.
Dafür hat sie ihr Haus bei sich,
ihr Krimskrams-Chaos-Trumm,
zieht sich sofort darin zurück-
und bleibt wia immer stumm.

Sie macht ka Gschra, regt si net auf,
eckt <u>auch</u> gar nirgends an-
Ka Wunder, wann zum Vorwärtsgehn,
man so gut schleimen kann!
Es kann auch niemand so wie sie
Stielaugen machn glei-
ein Aug zuadrückn aa recht gschwind-
da stülpts des Stielaug ei.
I hab scho vüle Schneckn gsegn,
die hoch ihr Haus geschleppt:
Beharrlichkeit und Schleimspur ziagn
warn ihr Erfolgsrezept.
Sie krochen langsam, aber stets,
und habn erreicht ihr Ziel,
wo's dann gemütlich, mit Genuss,
alls fressn, guat und viel.
I find, a so a Schnecknlebn
hat wirklich was für sich-
net rennen, hetzn, Erster sein-
des geht ihr gegnan Strich.
Sie wehrt sich net, ziagt sich nur schnell
ins Schnecknhaus hinein.
Da gehts ihr guat, sie hat ihr Ruah,
und sie is ganz allein.

(Des warat wirklich nix für mi-
wann i a Häusl hab,
so lad i Freund ' mir ein zu mir,
die haltn mi auf Trab)
Ja- Freunde hat sie wirklich viel,
die habns zum Fressn gern.
Wanns hört:"A so a liaba Schneck"-
könnt des ihr Endte wern.

M.S. 7.11.1999

Schnee oder Regen

Wann der Regn fallt in Wien,
dann is Schluss mit der Ruah.
Der Stau deckt sofort
alle Straßn ganz zua.

Und der halt recht lang.
Oft bis spät in die Nacht.
Wen wundert's, dass's überall
scheppert und kracht!

10.1995 MS

Schönen Tönen frönen-
ans Träumen sich gewöhnen

Es gibt der Klang, die Stille Kraft-
mit Gleichmut man so manches schafft!
"Die Gedanken sind frei" wir singen-
Und so uns die Distanz erringen,
die vor dem Kopf das Brett wegrafft
-so kommt man aus dem Holzweg raus -
Viel bunter schaut die Welt jetzt aus!
Der schöne Klang gar vieles heilt,
wenn man in ihm genussvoll weilt.
Die Klangbad-Chance ist oft gegeben-
ein Höhepunkt im Menschenleben-
die gerne man mit Freunden teilt.
Wie wichtig ist doch Freud und Spaß!
Davon gibt's gar kein Übermaß!

Klingt mit Musik der Tag sanft aus
Hebt das die Stimmung gleich im Haus!

Margit 20.5.2015erweitert

Schönerr Limerick

Der Mann, der die Sehnen mir feilt,

sehr gern auch am Fender- Rhodes weilt.

Er liebt es elektrisch,

wird nie dabei hektisch,

weiß stets, wie mit Wellen man heilt.

Margit Schmidt Herbst 2017

Schweizer Liebespaar

In Bern auf einer grünen Bank
im Park, do sitzen zwa scho lang.
A Meter Platz ist zwischendrein,
dabei ist sie recht hübsch und fein.
Da nimmt nach einer halben Stund
mit fest zusammenkniffnem Mund
er sich an Anrand endlich dann
und rutscht a klans Stück näher ran.
A halbe Stund riahrt si jetzt nix,
a jeds starrt vor sich hin ganz fix.
Dann draht den Kopf er und schauts an,
hebt noch die Mundwinkel leicht an.
So bleibt er sitzen ruhig und still.
Was daraus wohl noch werden will?
A Randl später stengans auf,
steign d'Stiagn zum Parktor langsam rauf.
Bevors dann auseinandergehn,
zum Pfiatn bleibns noch kurz dort stehn:

"Auf Wiadaluaga, Diandei, feins"
mahnt ernst er, "Du, ich sag dir eins.
Da manst des gibts net uf dr Welt.
Heut war ich wieder stürmisch, gelt!"

3.5.1998 MS

Selbstmordversuche
„Der Lebensmüde"

Ein Mensch so völlig trist und leer
bildet sich ein, er mag nicht mehr;
möcht' scheiden aus dem Leben nun-
doch wie sollt er's am besten tun?
Den Strick sich nehmen? Auf sich hängen?
Den Hals in eine Schlinge zwängen?
Wenn nun der Knoten nicht gut hält?
Er nur halbtot zu Boden fällt?
Das ist ihm doch zu ungewiss.
Vorm Strick-Reiß-Faktor kriegt er Schiss.
Da macht er doch viel lieber Schluss,
indem er springt in einen Fluss
und soviel von dem Wasser trinkt,
dass sterbend er zu Boden sinkt.
Doch halt- er hat den Retterschein,
schwimmt automatisch, von allein.
Auch schmeckt das Wasser grausig hier,
davon trinkt nie ein wildes Tier!
Er lässt das Absauf-Thema sein,
denn ihm fällt etwas andres ein:
Wie wärs mit Pillen, giftig bunten?
500 schluck ich, habs gleich unten.
Doch ob sie schnell auch wirken gleich,
dass ich im Nu bin eine Leich'??

Vielleicht die Wirkung wird verändert,
wenn „gelb" man schluckt mit „ dünn gebändert"?
Wenn man sich in der Dosis irrt,
wird man sehr krank nur und verwirrt?
Der <u>Mensch</u>, er <u>tippt</u> sich <u>auf</u> sein <u>Hirn:</u>
„Ich<u> will </u>nicht<u> experi</u>mentiern!
Doch knurrt der Magen mir schon sehr,
ich hol mir was zu essen her.
Im Kühlschrank ist noch etwas Braten,
ein Knödel, Paprika, Tomaten!"
Bald schmaust er munter, trinkt ein Bier,
der Trübsinn schwindet rasch von hier.
Der Mensch wird endlich wieder heiter
und lebt noch lange fröhlich weiter.
30.12.2001

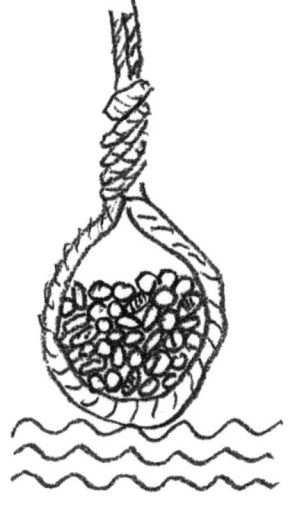

Sparkasse

Zum Direktor kummt d'Putzfrau ganz früh ins Büro.
In der Sparkasse putzen tuats gründlich und froh.
Nur heut scheints a bisserl verlegen zu sein.
Wia s' in Schreibtisch abwischt,
fallt ihr grad etwas ein:

"Herr Direktor, i putz wirklich alles im Haus,
der Dreck hat- solang i da arbeit'- ka Chance.
Drum wollt ich sie bitten, ob's net irgendwie geht,
dass i von Tresorraum den Schlüssel aa hätt.

Da war ma viel leichter beim Putzen und Kehr'n
und schneller, versprich i, tät i fertig aa wer'n,
weil des Türschloss,
 des gibt ma Probleme stets auf-
i bring's jed'smal nur schwer
mit der Haarnadel auf!"

M.S. 1.3.1998

Sport

Vorign Mittwochnachmittag
gegn dreiviertel drei
kummt ma glatt da Hans entgegn
aus der Konditorei.
Servas, wia der zuagsetzt hat,
denk i ma entsetzt.
Früher war er rank und schlank,
an Zentner ma jetzt schätzt.
„Was is denn mit dia passiert?"
red i eam drauf an,
„solltest net trainieren gehen,
Sport treibn, liaber Mann?"
„I hab erst 20 Kilo gschafft,
sagt er ernsthaft drauf,
„mehr- bei bestem Willn und Übn,
bring i nimmer nauf.
Dabei nimm i mi so zamm
und trainier so gern.
Kumm jetzt eh vom Trainingscamp-
wü Sumo-Ringer werdn!"

M.S. 10.1997

Sprachschwierigkeiten

Die Jugend redt anders heut,
statt guat sagn's jetzt steil.
Was früher "echt leinwand" war,
is heute "urgeil".
"Lass umawachsn" haßt's,
wann aner was wü(ll),
"Du machst mich an",
sagt a Bua, hat er Gfüh(l).
Wann aner a Dodl is,
haßt er "Vollkoffer" nur.
"Ur, super, hyper, mega!"
hört ma in aner Tour.
Ob's guat oder schlecht is?
Für'n Generationenkonflikt
hab i in dem Ganzn
an Vorteil erblickt:
Wann's weiter so tan,
ka Streiterei mehr auftaucht,
weil zum Redn miteinand
ma an Dolmetscher braucht.
M.S. 12.1994

Telefon

I halt den Hörer in der Hand,
ins Ohr piepst ma nur "tüt".
Wann des no lang so weitergeht,
dann wer' i wirklich wüüd.
Doch halt, es tönt ein Stimmchen fein:
"Schön, dass sie uns gewählt!"
Nach kurzem Lauschen weiß ich dann,
was dieser Stimme fehlt:
Es ist ein Mensch mit Herz und Ohr,
der mir auch zuhörn könnt.
Mit Widerwillen stell ich fest:
Ein Tonband nur ertönt!
Jetzt will die Tonbandstimm' von mir,
i sollt aa redn drauf.
Was?- I soll aa a Tonband werdn?
Naa! -
Da leg i wieder auf!

M.S. 1.1995

Tempora mutantur

Wia i a Kind war,
ham ma net vü ghabt.
Allweil hats g'haßn:
„Pass guat auf auf deine Sachn!
Mach nix hin! Heb da's guat auf!
Hau nix weg! Des kann ma no brauchn!
So schnell kriagst nix Neichs!
Des muaß no lang haltn!"
Spielzeug hat's nur wenig gebn-
Was wär a alte Schachtel
für a schens Spielzeug gwesen!
Aber die hat die Mutter braucht
für des Wintergwand zum Einegebn im Sommer.
Aber d'Sunn hat gscheint.
Im März und April habn ma uns scho
auf d'Kniastrümpf gfreut.
„Dass di 's Märznkaibl net erwischt!"
Schen gwärmt hat die Sunn im Mai.

Und die Hundstag im Juli warn haaß-
aber net lang.
Nach an Regn war d'Luft so klar und guat!
Da hats grochn! Herrlich!
Zum Trinkn hats halt allwei
nur a Wasser gebn.
A Kracherl war a Luxus für'n Feiertag.

Die Kinder habn jetzt vü zu vü!
Allweil haaßts:
„Da schau! Da hab i was für di!
Des alte is nimmer so schön!
Des gebn ma weg!
In Mist damit! Ma kanns net brauchn!
Nimm liaba was Neichs!
Za was is so vü da?
So Sachn kanns nia gnua gebn.
De altn Schachtln hau ma weg!
Mia habn kan Platz für altes Glumpert!
Is eh gnua da!

Die Sunn brennt oba im April-
da is die erschte Hitzewelln.
S' Ozonloch kummt jetzt alle 14 Tag,
verbrennt den Bodn und die Haut.
Vü zwenig Regn fallt.
Die Luft is staubig, voller Gstank.
Zum Trinken hol ma uns vom Supermarkt
quellfrisches Wasser oder so a
Zuckergschloder
(manchmal is net amoi a Zucker drin).

So lebn ma jetzt im Luxus,
und habn vü zu vü.
Doch mir scheint-
net von die richtign Sachn.

27.6.2000 MS

Trauriges Fernsehleben

Was den Tag erst richtig macht
ist so das Fernseh'n bei der Nacht.
Bis vor zirka 50 Johren
war der Mensch des Nachts verloren.
Abwechslung gab es da nie
vom eignen Land der kargen Fantasie.
Dumpf brütete so mancher Knilch
und kannt' kaum mehr als Muttermilch.
Doch Gott sei Dank ist Schluss
mit diesen Tagen,
jetzt braucht man Helden,
die sich cool erschlagen!
Kein Raum für eigne, heitre Sachen.
Krieg muss man spieln
nichts gibts zu lachen!

19.2.2003

Vollkommen Schönes zu erschaffen
ist großer Menschen Ziel
Doch schaffen das auch Affen
und denken sich nicht viel.
Die Sehnsucht nach Vollkommenheit
ist beiden angebor'n.
Kein Wunder, denn sie hab'n wie wir
den Himmelsplatz verlor'n.

Geburt hat allen ranglos gleich
Die Zeitlichkeit erlaubt.
Die allen erst unweigerlich
Der Tod schlussendlich raubt.

Ein tiefer Blick auf Schönheit pur,
Musik hörn, Harmonie,
Zusammenklang ganz ohne Fehl-
Nein, das vergisst man nie.
Für den Moment tut hell sich auf
ein Blick zur Ewigkeit.
Denn sie ist da, umhüllt uns sanft,
uns Wanderer der Zeit.

Das Ziel ist auf dem Weg zu finden
schon durch ein kurz Verweilen.
Der Schönheit Glanz und Harmonie
Vermag die Seel' zu heilen.
    Margit Schmidt 16.4.2018

Wann i so manchmal nachdenk

Wann i so manchmal nachdenk,
so über Gott und d'Welt,
da kumm i recht ins Grübeln,
wia's heut um uns bestellt.
I siech, was alles schief geht,
und dass die Welt so schlecht.
A jeder will nur nehman
und helfn kana mecht.
Tua i dann Trübsal blasn,
sitz umanand ganz bled,
hear i a Stimm mir sagn,
dass do no weiter geht:
Lass do den Kopf net hängen,
die Zeit vergeht so schnell!
Wannst aa glaubst, s'is ganz finster,
wird's do bald wieder hell.
Die Nacht kann no so schwarz sei-
du siechst kan Mond, kan Stern-
amol muass do vorbei gehen,
helllichter Tag muass werdn.
Und hast a jetzt fast Tränen
in d'Augen und ka Ruah-

wirst segn, du kannst bald lachn,
nimmst alles mit Hamua.
Schau nur- da drübn da zwinkert
dir scho wer schelmisch zua-
na siachst, wia d'Sunn glei aufgeht-
es wird scho wieder Fruah!

28.3.1995 MS

Wann i tot bin

Wann i tot bin, ja dann
fangt a neuch's Leben an.
A jedes Blattl von mir
werdn s' dann sammeln als wia.
Die Liada werdn s' spieln,
a jedes Sprücherl nachfühln.
Auf YouTube rennt dann
mei „hist'ry" von Anfang an.
Meine mp3's werdn dann kauft,
dass des Internet schnauft.
Die Händ' reibt sich fein,
so mancher, der, wia ich klein
und bescheiden hab g'lebt
von mir was kauft hat und gräbt
Souvenirs fleißig aus,
stellt sie aus in sein Haus.
Der mi net hat beacht',
a recht's Wetter jetzt macht,
is des Lob's übervoll:
„Die / Der war stets mei Idol!"

M.S.15.1.2011

Warum grad i?

Die Lehrer in der Schul haben (mi)
oft was gfragt,
wo i mi recht hab mit der Antwort plagt.
Da hab i a ganz verzweifelts Gsicht glei gmacht.
Sagn hab i ma nix traut, doch hab mir dacht:

Warum grad i?
Versteh'n werd i des nie.
Bin i so a Genie?
‚s gibt do no andere als mi!
Des is a Ironie-
diese Manie für mi!

Mei Chef hat a Angewohnheit- fürchterlich!
Wann er sich net entscheiden kann,
dann fragt er mich.
Und nachher keppelt er mi manchmal
ziemlich heftig an, wanns doch net hinhaut-
Was sag ich ihm dann?

Warum grad i?
Versteh'n werd i des nie.
Bin i so a Genie?
‚s gibt do no andere als mi!
Des is a Ironie-
diese Manie für mi!

Wia i di 's allererste Mal ghabt im Visier,
hab i ma dacht –So was Liabs bleibt net bei mir.
Doch samma jetzt a ganze Weil scho zsamm,
und glücklich denkt i ma manchmal in der Gham
(im Geheimen)

Warum grad i?
Versteh'n werd i des nie.
Bin i so a Genie?
‚s gibt do no andere als mi!
Für mi klingts wie Poesie-
diese Manie für mi!

M.S. 2019-03-04

Was ich heute sollt besorgen

Was ich heute sollt besorgen,
das verschieb ich gern auf morgen.
Wenn ich's nicht gern machen mag,
auch auf einen andern Tag.
Kommt der Tag jedoch heran,
an dem ich's tuen will und kann,
ist bestimmt was and'res dran,
das ich tun muss UNBEDINGT-
weil's mehr Spaß mir macht und bringt.
Und das erste bleibt mir liegen.
Es ist schier zum Junge – Kriegen!
So, jetzt mach ich das gleich auch.
Was ich sag, bleibt Schall und Rauch,
Denn -
HALT!!! –
Ein Pauserl brauch ich auch!
Was ich heute sollt' besorgen, das.....
...
Ist dies Spiel schon lang gegangen,
hab beinah ich angefangen,
seh ich mit verzücktem Blick:
erledigt hat sich's schon – zum Glück!

M.S. 20.2.2007 (corr 27.11.2015)

Weanasprach

Wann ma wen anredt:
"Bitte sehr- Könnten Sie weggehn,
lieber Herr?"
So schaut an jeder deppert an,
und rüahrt si net, stur steht er dann.

Jedoch bei echter Weana Sprach,
da wird des scho a andre Sach:
"Hearst, hau di über d'Häuser do-
ganz gach, sunst fangt glei ane oh!"

Da merkt ma-
weils von Herzn kummt-
Der Widerspruch
sofort verstummt.

Wann aner sagt: "Oh holde Maid,
du bist mein Typ, hast du heut Zeit?"
So denkt des Madl: "Der hat an Stich,
der is ganz sicher nix für mich!"

Jedoch wann er sich zuwehaut:
"Du süaßes Madl, wirst mi Braut?
Geh her zu mir, i hab di gern,
willst net mei liabes Schatzerl wer'n?"

Da merkt ma-
weil's von Herzn kummt,
der Widerspruch
sofort verstummt.
M.S. 19.06.1995

Weihnachten (Stefanitag - Boxing Day)

Weihnachten!?!
Jetzt hab'n ma's fast schon überstanden-
a G'wichtsklass' höher werd i land'n...
Am „Boxing Day" fallt ma des auf.
Ach was, jetzt pfeif i aa scho drauf
und mampf genüsslich heut' z'Mittag.
Ja, heute am Stefanitag!
Euch wünsch i schnell no a scheen's Fest-
nicht nur den Bauch, aa s' Herzerl mäst'!
Dass eure Wünsche werden wahr-
wünsch' herzlichst ich!---Prosit Neujahr!!!

Ganz frisch aus „Margits Feder"!
(26.12.2012 11:20h !)

Weil ich kein Regenwürmchen bin

Weil ich kein Regenwürmchen bin
find ich im Dauerreg'n kan Sinn.
Nein, ich würde eher meinen:
>Petrus, lass die Sonne scheinen!
Grad heute, Sonntag zu Mittag
mach Pause von der Regen -Plag!
Weil jeder dann was unternimmt
und gern daher zum Rathaus kimmt-
So kann man leicht den Reg'n vergessen,
Weil hier die Serenaders jazzen!<

M.S. 17.08.2014

Welcome to the world of timelessness

Welcome to the world of timelessness
Welcome to a world of joy!
Where the beagles fly,
Mirrors try to lie,
People wear a smile all day.
Come with me to the sea of music,
Take a bath in harmony,
Swim around the circles of fifth and forth,
Lift the flats –not too sharp.
Hear the sounds of a harp.
Feel your inner smile grow and grow!
Take your chance to be happy.
Yes, take it just now.
It's the presence you're always bound
to develop from caterpillar to butterfly.
Make your footsteps light
And your inner light bright.
Be just you –
That' s your work to do.
And it's only done well
When you feel great.

Alles Gute zum Geburtstag,
lieber Chris!

16.2.2017

Wenn ihr erholt seid

Wenn ihr erholt seid, freut mich das!
Da macht das Leben viel mehr Spass!
Ein netter Scherz liegt auf der Zunge.
Die gute Laune kriegt gleich Junge
und breitet sich vergnügt auch aus.
Ich hoff, sie bleibt euch lang im Haus!

Liebe Grüße und frohe Ostern!
Margit

M.S. für 11i & Thomas 24.3.2018

Wie die Alten sungen

Und wie die Alten sungen,
so zwitschern auch die Jungen.
NEIN!
Das kann kein rechtes Lied wohl sein,
das aus dem Mund Altvord'rer tönt,
die neueste Erkenntnis höhnt,
die man grad selber hat gemacht-
an die zuvor kein Mensch gedacht!
So alte, fade Labereien-
Man hälts nicht aus, es ist zum Schreien!
Ich singe selbst jetzt MEINE Lieder,
schrei sie hinaus, laut, immer wieder.
Den Text hab ich ganz neu erfunden.
Er prangert an ganz unumwunden,
was rundherum so Scheiße ist-
Wo gibt's ein neues Wort für Mist?
Na ja, damit man mich versteht sofort,
verwend ich noch das alte Wort.
Denn Wörter sind dazu gedacht,
dass man sich verständlich macht.
Doch Inhalt, MEINE Melodie,
gab es vorher ganz sicher nie!

Die eine oder and're Phrase....
(im Klau'n bin ich ein alter Hase!)

Und wie die Alten sungen,
so zwitschern auch die Jungen-
wenn sie erst an Jahren reifen
und die Melodien begreifen,
die das Lied des Lebens singen,
bunt und schaurig-schön uns zwingen
diesen Rhythmus mitzuschwingen.
Jeder bringt die eig'nen Töne,
die nur ER kann – das ist das Schöne!
Und fügt an das alte Lied sodann
Gleich eine neue Strophe an.
Vergnügt sich mit der and'ren Chor-
Jetzt klingt's noch schöner als zuvor!

M.S. 26.5.2007

Wien, Wien, nur du allein!

Wien, Wien, nur du allein!
Kannst du denn nur mehr ein Albtraum sein?
Dort wo noch alte Häuser stehn,
knipsen die Touries: ein Selfie --scheeeen!

Wien, Wien, nur du allein!
Künstler hauts ab da,
erst tot derfts rein.
Horchts, wie der Moser die Reblaus besingt!
-Des is Kultur, die s bringt!

Wien, Wien, nur du allein!
Kannst du denn nur mehr ein Albtraum sein?
Dort wo noch alte Häuser stehn,
gibts bald nur Hochhäuser anzusehn!
(Des is scheeeen?)

Wien, Wien, nur du allein!
Kunst förderst leider oft nur zum Schein.
Stadt der Musik, in der kaner mehr singt,
die Kunst an kaum was bringt.

Wien, Wien, nur du allein!
Förderst die Kunst leider nur zum Schein.
Stadt der Musik, in dir singt kaner mehr,
des Künstlerleb'n is schwer.
Margit Schmidt 21.1.2016

Wiener

Die Flaschn in der Hand fast leer;
Im Mund die Zungen lallt nur schwer;
Der Gang in Kurven is net fad
und unbestimmbar- xter Grad!

Wa s is des, zum Teifl, was ist des?
S' is a Wiena
lasst in Veltlina
obe-rinna.

Die Ellbögn san vom Denken wund,
des Hirn raucht scho seit a paar Stund.
A Bleistiftschiefer steckt im Mund.
Im Bodn zeigt sich ein Trampel-Rund.

Was is des, Kreiz-Teifl, was ist des?
I, a Wiena
wollt mit dem Songschreibn
a Geld verdiena.

I glaub i bin a Spinna!

© Margit Schmidt 2011-03-30

Wir wünschen einen schönen Sommer!

Da nützt kein Zittern und kein Bangen:
Der Sommer hat schon angefangen!
Der Schweiß trieft kräftig von der Stirn,
die Hitze lähmt das ganze Hirn.
Da sehnt sich jeder weit und breit
Nach stresslos kühler Räkelzeit.
Im BEBOP Garten lässt sich's lauschen,
an Wein und Jazz sich sanft berauschen!
Da wird so manches Bierchen winken;
„Komm, schlürf mich gleich, willst kühl mich trinken!"
Auch Null Promill' wird unterstützt-
Vitamindrink der Gesundheit nützt-
Frisch gepresst, Chemie- los pur,
schenkt er Fitness durch Natur -
zusatzlos, und köstlich lecker-
selbst dem hartgeprüften Tracker.

M.S. für die Newsletter2go -Aussendung 201706

Wissensvermittlung

Der klane Bua sitzt sinnend do:
"Du, Papa, wo liegt Borneo?"
"Des liegt do in dem großn Meer.
I zag das dann, es ist net schwer,
nur muaß i zerscht den Atlas holn,
der is vom Brett hint abegfalln."
  Jetzt is a Zeitl wieder stü,
bevor der Bua was anders wü:
"Zar was, um alles in der Welt,
braucht man denn überall des-Geld?"
"Na wast, sunst kenntast dir nix kaufn
hast eh zum Spieln an ganzen Haufen."
Der Bua kratzt sich am Kopf verdutzt,
weil eam die Antwort wenig nutzt.
  Doch kummt was anders eam in Sinn:
"Was is denn des- a Violin?"
"Na wart a weng, mir fallts glei ei-
des is im Fernsehn do dabei,
wanns zu Neujahr des Dingsda spüln,
durt vur die Zuschauer, die vüln."
"Du, Papa, tua i di leicht störn,
magst meine Fragn goar net hörn?"
"Naa," spricht der Vater voller Ernst,
"Kumm, frag nur Bua, damitst wos lernst!"
M.S. 9-8-1998

Zum Vatertag

Der Vater ist ein Mann-
damit fängts erst mal an ! –
der eine Frau sich auserkoren,
an die er hat sein Herz verloren,
bei der er es sodann auch schafft,
zu schenken ihr die Manneskraft,
die zur Vermehrung nötig sei
von zwei so Menschlein halt auf drei.
 Der Startschuss zu der Vaterschaft
besteht zwar nicht aus Traubensaft
 -doch fand so mancher Sektpfropfknall
in weichen Kissen Widerhall !
Dann- aus dem Rausch jäh hochgerissen,
verwirrt den Mann das sich're Wissen:
Auf Grund der männlichen Potenz
ists aus jetzt mit dem Single –Lenz!
MANN harrt der Dinge, die da reifen
(schwellen)
bis Spatzen ‚s von den Dächern pfeifen
(bellen):
Ein Kind ist unterwegs zum Leben !
Wie – ICH hab' ihm die Chance gegeben?!?

Die halben Gene sind von mir?
Was wird das für ein Ungetier?
Doch halt- ich hab auch gute Seiten,
die mir und ander'n Freud' bereiten.
Ich hoff', davon hat's nur genommen,
dann kann's im Leben weiterkommen.
Das Warten scheint unendlich lang,
dann tönt Hebammenstimmenklang:
„Sie sind jetzt Vater! Gratuliere!"
Knieschnackelnd lehnt MANN an der Türe.
Jetzt hat sie ihn, die Vaterwürde!
Ist Freude, Stolz, jedoch auch Bürde.
Es ruft ihn- hört er's jetzt auch nicht-
ganz unausweichlich Vaterpflicht.
(oder das Jugendgericht)
Der Vater ist ein Mann,
der auch sehr streng sein kann.
Das Kind, das lauthals schreit bei Nacht,
wird ernsthaft aufmerksam gemacht,
dass Zeit und Ort total verfehlt,
und es nur seinen Vater quält.
Wenn Kind Pa mal beim Fernsehn stört,
so ruft er grantig: „Unerhört!

Die Nachrichten, die ich hier seh',
sind äußerst wichtig! Weg da! Geh!"
Pa wacht streng über Bräuch und Sitten,
da muss man ihn nicht lange bitten,
damit die Würde sei gewahrt,
die mit der Vaterpflicht gepaart.
Der Vater ist ein Mann,
der auch sehr sanft sein kann.
Beim Kleinkind macht er keinen Brumm,
tanzt's ihm auf seiner Nase rum.
Vor allem Töchter wissen das,
und treiben weiter diesen Spaß,
erhöhen stets die Eleganz
beim Augenaufschlag- Nasentanz.
Die Söhne haben's da viel schwerer,
doch wecken sie in Pa den Lehrer-
egal auch welcher Diszplin-
ist für sie auch so manches drin.
So mancher Sohn nimmt dann den Vater-
als Vorbild, nicht als Rabenbrater-
man merkt, er kommt aus Vaters Schul'! -
„Mei Oida, der is MEGACOOL!"
11.5.2002 MargitS

GEDICHTE

MARGIT
S
BASS

ENDE

INDEX

4--WÖRTER-GEDICHT	12
A AM GESTRAUMPFTEN WESYLZIEBL	13
A SANDLERG'SCHICHT'	14
ACH, HERR INSPEKTOR!	16
AKKORDEON	17
ALLEIN - CIRCULUS VISITATIONES	19
ALLES GUTE	20
ALTES ODER NEUES?	22
AU (MARGIT SCHMIDT)	23
AUF DEM FUSSBALLPLATZ	24
AUF DER PFERDERENNBAHN	25
AUFFORDERUNG ZUM TANZ	26
AUFSTEHEN!	27
AUSFLUG	29

BEBOP - DRINKS	30
BEBOP- RAUMEMPFEHLUNGEN	31
BEGRÜßUNG JUST FOR FRIENDS	32
BITTE UM DAS CHRISTKIND	34
DADAGEDICHT	35
DADAKANON MIT HENDL	36
DADASPRÄCHALOG	37
DANKE! DANKE! DANKE!	38
DAS BANJO 1	39
DAS BANJO 2	41
DAS EDELWEIß	42
DAS ELEMENT	43
DAS HAUS HALT	44
DAS HEIRATSINSTITUT	48
DAS HEIRATSINSTITUT	49

DAS KLAPPSMÜHLENLIED	50
DAS LEBEN IST EIN JAMMERTAL	51
DAS SAXOPHON	52
DAS TRAUMHAFTE PROBLEM	53
DAS VIELFÄLTIGE GESCHENK	54
DAS WETTER	55
DER ABERER	58
DER ACKER	60
DER APFEL FÄLLT NICHT WEIT VOM STAMM	61
DER BRIEF	62
DER BRIEF (EIN MENSCH...)	63
DER ELEGANTE KORB	66
DER FACHMANN (IM MUSIKGESCHÄFT)	67
DER FUß DER ELISABETH (SISSY-FUß)	68
DER GIPFELBLICK	70

DER GIPFELSIEGER	71
DER HAMSTER	72
DER HOFFNUNGSVOLLE NACHWUCHS	77
DER LETZTE GAST	78
DER PFAU	79
DER SPAZIERGANG	80
DER URLAUBSGAST	82
DER WEIHNACHTSDRACHEN	83
DER ZÄRTLICHE EHEMANN	84
DIE ALTERSFRAGE	86
DIE ÄNGSTLICHE BRAUT	88
DIE ANSICHTSKARTENSCHREIBEREI	90
DIE FLEIßIGEN STRAßENARBEITER	94
DIE GESCHICHTE VOM UNZUFRIEDENEN FROSCH	95
DIE GRIPP' (FÜR CONNY 29.11.1995)	98
DIE HOFFNUNG STIRBT ZULETZT	100

DIE INSPEKTION 101

DIE NOWAK 102

DIE POSAUNE 104

DIE QUADRATUR DES KREISES 105

DIE RÄUBERHÖHLE 109

DIE REGNLACKN 110

DIE SÄGE 111

DIE SCHNECKENJAGD 112

DIE SCHÖNSTE FRAU (SELBSTBETRUG) 113

DIE ZIGARETTE 114

DOKTORARBEIT 115

DU 116

DU BIST JETZT ENDLICH XX JAHRE ALT! 119

DU HAST JA MICH 120

DU SÜßE KLINGELFEE 121

ES WAR EINMAL EIN KLANGGEBILD: Q 122

FETTNÄPFCHEN, FETTNÄPFCHEN- 123

FÜR MARTIN 127

GEBRAUCHSANLEITUNG FÜR FÜßE 128

GEBURTSTAGSGEDICHT FÜR MARTIN 129

GESCHICHTE WIENS AUF WIENERISCH 130

GESCHWINDIGKEITSREKORD 132

GETRÄNKEKUNDE.. 133

GLÜCKSKAUF (SELTSAMER EINKAUF) 135

GOLDENE HOCHZEIT 136

GRIPPE-BANNSPRUCH 137

HASENGESCHICHTE (KARNICKELCHEN) 139

HEHEHE 142

HEIDENRÖSLEIN UND HEIDI RÖSLEIN 143

„HEIDENRÖSLEIN" 144

HEIDI RÖSLEIN 145

HEILT EIN DOKTOR 146

HEILUNGSENGERL AN ULF UND BASI 147

HENDI 148

H-I-L-F-E 149

HILFE BEIM DICHTEN 151

HUMOR 153

I SPÜLAT SO GERN SAXOPHON 154

I WAAS NO NET 156

I WÜNSCH MA 158

ICH WÄR' SO GERN DER WEIHNACHTSMANN 159

IM BOXRING 161

IM DUNKEL 162

IN ÖSTERREICH 163

INDIAN(A)ER 164

INTERNET	166
JAGDGLÜCK	168
JAZZKLAVIER-WUNDERLICHES INSTRUMENT	169
KANNIBALISCH	171
KLAVIER- ANTWORT	172
KOMISCHER VOGEL	173
KOMMUNIKATION	175
KOPFWEH	177
L'ACCORDIANA	179
LIEBE FRAU DIREKTOR!	181
LIEBE GENUSSHÖRER- INNEN, AUßEN UND ÜBERHAUPT!	184
LOBESHYMNE FÜR RUTH	185
LOBPREIS DER G#NTECHNIK	186
MARGIT FÜR GERDA	187
MARGÜTS SCHÜTTELREIM FÜR N SCHÜTTELVEREIN	188

MEIN GRÖẞTES GESCHENK BIST DU	189
MISSGESCHICK	191
MODERNE SCHULE	192
MONDENSCHEIN	194
MORGENGYMNASTIK	196
MORPHEUS SLEEPS	198
MUTTERTAGSGEDICHT	199
NATUR & SEELE	202
OH MUTTER (BRIEF AN DIE MUTTER)	203
OH WEIHNACHTEN, OH STILLES FEST	204
PALM-SONNTAG	205
PARADOXE DAVID- NACHBARS- OHREN	206
POSAUNENTÖNE	208
RE_RE_RE	210
RECHENKÜNSTLER	212

REIMLEXIKON	213
SÄNGERSCHICKSAL	214
SCHLAFENDE PROJEKTE	215
SCHLAFSCHWIERIGKEITEN	216
SCHNECKEN	217
SCHNEE ODER REGEN	220
SCHÖNEN TÖNEN FRÖNEN-	221
SCHÖNERR LIMERICK	222
SCHWEIZER LIEBESPAAR	223
SELBSTMORDVERSUCHE	225
SPARKASSE	227
SPORT	228
SPRACHSCHWIERIGKEITEN	229
TELEFON	230
TEMPORA MUTANTUR	231

TRAURIGES FERNSEHLEBEN 234

VOLLKOMMEN SCHÖNES ZU ERSCHAFFEN 235

WANN I SO MANCHMAL NACHDENK 236

WANN I TOT BIN 238

WARUM GRAD I? 239

WAS ICH HEUTE SOLLT BESORGEN 241

WEANASPRACH 242

WEIHNACHTEN (STEFANITAG - BOXING DAY) 244

WEIL ICH KEIN REGENWÜRMCHEN BIN 245

WELCOME TO THE WORLD OF TIMELESSNESS 246

WENN IHR ERHOLT SEID 247

WIE DIE ALTEN SUNGEN 248

WIEN, WIEN, NUR DU ALLEIN! 250

WIENER 251

WIR WÜNSCHEN EINEN SCHÖNEN SOMMER! 252

WISSENSVERMITTLUNG 253

ZUM VATERTAG 254

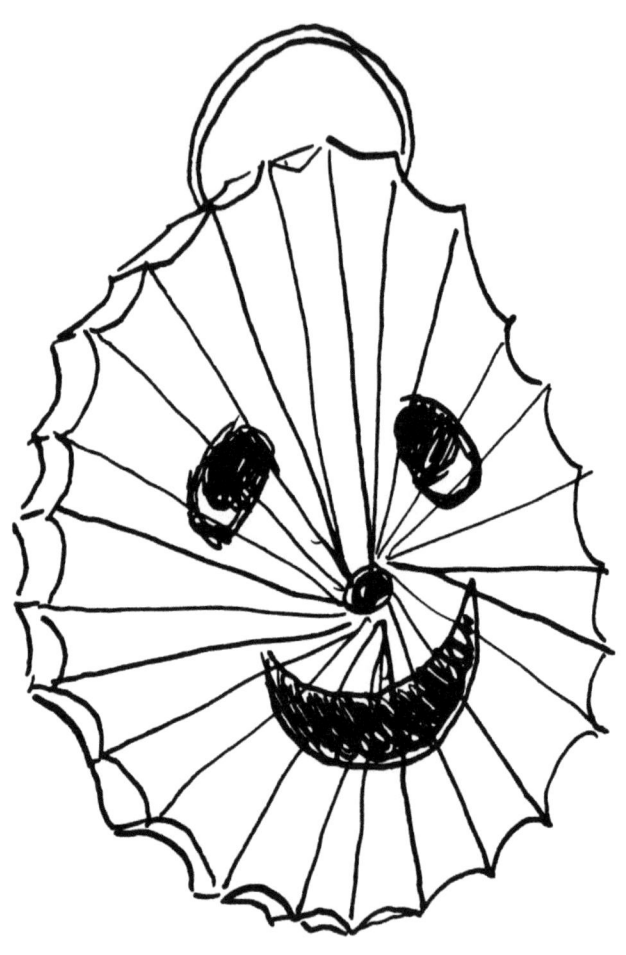

NACHWORT

„Mit dem Gedichte- Schreiben habe ich mich ernsthaft befasst, weil ich bei der Moderation für das Akkordeon-Ensemble immer etwas Heiteres aus eigener Feder vortragen wollte." Die Themen der Gedichte sind vielfältig (Liebe, Typen, Gedanken, Skurriles, usw.), die Grundstimmung ist heiter, aber nicht oberflächlich. Manches eignet sich besonders gut zum Vorlesen, bei Moderationen oder auch als Liedtext.

Nach Familie und Volksschullehrerinnendasein sattelte die Wienerin Margit Schmidt auf Jazz-Kontrabassistin in mehreren Bands, Bandleaderin, Kabarettistin, Sängerin, Musikpädagogin… um. Unter anderem komponierte und textete sie ihre CD „Alls von mir", die sie mit Musikerfreunden aufnahm. Bei der Gestaltung des CD- Layouts infizierte sie sich mit dem Fotografik- Virus, das ihr seither viele schlaflose Nächte bereitet hat…
Einige dieser skurrilen Fotografiken waren bereits in Ausstellungen zu sehen; Infos unter www.margitsbass.at .

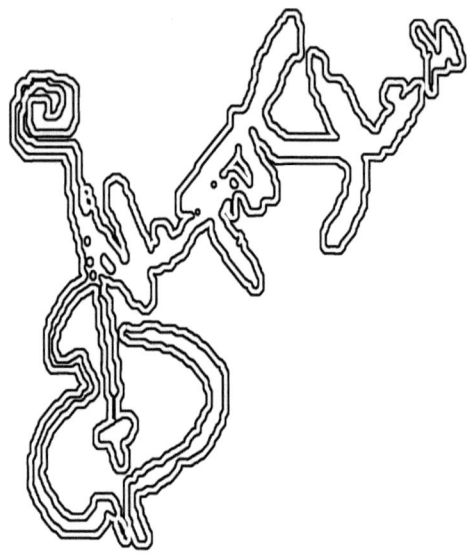